20世紀ロシア史と日露関係の展望

議論と研究の最前線

松井康浩［編］

九州大学出版会

目次

序　論

松井康浩

第1節　ロシアの現状と歴史研究の可能性

一九八九年に起こった東欧諸国の脱社会主義化と東西間の「壁」の消滅を通じてソヴィエト・ブロックが歴史のページに刻まれてから二〇年、一九九一年のソヴィエト社会主義共和国連邦の崩壊からも間もなく二〇年が経過しようとしている。「一〇年一昔」のことわざに従えば、地球大に衝撃を与えたあの歴史的大事件はすでに二昔前のこととなる。

確かに、この間の世界の変転は目まぐるしい。まず国際システムの推移を概観すれば、冷戦後の最初の一〇年が、米ソ二極体制が崩れアメリカ一極体制への移行が確立した時期であったとすると、後の一〇年は、一極秩序が頂点を極めた後、突如としてその限界を露わにし、多極的世界が姿を現し始めた時期と見ることができる。そして、その間にロシアは、グローバル・アクターとしての地位の喪失と雌伏の期間を経て、二十一世紀に入るあたりから次第に力を回復し、今やグローバルな舞台に再登場しつつあるかに見える。言うまでもなく、多極世界の中でこそロシアはその存在感を発揮するだろう。

しかしロシアにとってのこの二〇年は、国際政治上のパワー分布、パワーバランス上の位置や役割の変化という観点からだけでは捉えられない。国際的な地位の浮き沈みは、ロシア国内の秩序や制度改革の行方とも深く連動していたからである。社会主義体制を放棄し、自由化、民主化、市場経済化といったキーワードの下で西側のシステムへの「移行」が目指されたのが最初の一〇年だったとすると（もっとも「移行」への懐疑や反発は強まるばかりであったが）、残りの一〇年は、ロシアが欧米型のリベラル・デモクラシー体制とは異なるヴィジョンを志向する姿勢を鮮明にした時期にあたった。近年ロシアでは、「文明の均衡（balance of civilizations）」[1]を図ろうとするかのように、独自の価値観の表出や自前の政治社会の仕組み作りが顕著になっている。二〇〇〇年の新年を挟んだエリツィンの退場とプーチン政権の誕生は、結果的に、その画期をなす出来事となった。プーチン政権下で、連邦制改革による中央地方関係の集権的再編、「主権民主主義論」に代表されるロシア固有の「民主主義」の主張、政権に批判的な政治家や財界人への迫害、強権的国家介入が目立つ経済運営、マスメディアへの国家監視の強化等が展開され、総じて言えば国家と社会の関係が国家権力優位の形で再編成された。政治学的タームでいえばロシアは、まさしく権威主義体制の性質を色濃くしてきたのである。

しかしながら、欧米社会をものさしとして消極的な評価を下すだけでは、現在、そして今後のロシアについての深い理解に到達できないことがはっきりしたのもまた、この一〇年だったように思われる。少なくとも、プーチン政権下での一連の政策や制度改革はロシア国民からの圧倒的な支持を集め続けてきたのであり、政権は高いレヴェルの正統性を誇っているからである。[2]つまり、欧米流の自由民主主義の価値や制度を普遍的な基準として自明視し、そこからロシアを裁断するのではなく、ロシアをその固有の論理、固有の歴史の流れの中で改めて捉えなおす姿勢がますます求められている。

歴史的経路の中に現在のロシアを位置付ける際、一九一七年革命以前の帝政ロシアの時代との繋がりはもとより、ロシア革命以後のソヴィエト体制との連関も十分に意識されるべきであろう。ソヴィエト社会で築かれた政治社会の特質は共産主義イデオロギーの作用によるものばかりでなく、ロシアが本来的に抱える巨大な版図、自然環境、人口分布や資源賦存状況、多民族的ないし「帝国」的構成、西洋社会に対峙する地政学的、文化的位置といった「ロシア的なるもの」の反映という側面も大だからである。本書が、ソヴィエト期を中心として、二十世紀ロシアの政治・社会・経済・国際関係などに光を当てた論稿を集めた理由の一つはそこにある。次の一〇年ないし二〇年を見通すためには歴史的なアプローチが不可欠で、それは「ロシア的なるもの」の特質を再考し、西欧その他文化・文明との相互作用を探究するためにも有効であると考えられる。さらに二〇世紀ロシアの経験は、今を生きる私たちにも様々な意味で示唆するところが少なくないはずである。

第2節　ソ連崩壊後二〇年のロシア・ソヴィエト史研究

そこで、ソ連崩壊後のロシア史、ソヴィエト史の研究状況に目を転じよう。ソ連崩壊直後に、研究対象国の消滅に伴う虚脱感が研究者の間に広がったのは確かだが、それは二昔前のことで、特に近年は、純粋に学術的関心に基づき新規参入する若い研究者も少なくなく、研究の活性化が看取される。ロシアがソヴィエト社会主義体制下でのイデオロギー的、政治的制約から解き放たれ、歴史研究を前進させるにふさわしい条件が創り出されたことが、その活況にあたって大いに力となった。

ロシアの歴史家にとってみれば、ソヴィエト体制下でアクセスが困難だった「西側」のロシア・ソ連史研究から研究上の視点や方法論を吸収し、かつ欧米の研究者との共同のプロジェクトなどにも積極的に関わる可能性が格段に増えたことは、研究上の視野やテーマの広がりの面で大いにプラスとなった。確かに、ソ連崩壊後の一〇年はロシアの研究者を取り巻く生活条件が劣悪で、そのために海外の大学に移籍した研究者も少なくないが、ロシア内外の一線で今も存在感を示すロシアの歴史家の産出する成果は傑出している。最近では、欧米や日本の大学院で研究に取り組み、世界的に活躍し始めた研究者も散見されるようだ。他方、「西側」の歴史家にとっては、ソ連崩壊後に著しく進展したアーカイヴ資料へのアクセス可能性と、歴史を生き抜いた生き証人から豊富なオーラル情報を入手できるようになったこと、そしてもちろんロシアの研究者との交流が深まったことは、これまた研究環境に大きくプラスに働いた。

こうして、一九九〇年代後半以降現在に至るまで、ロシア・ソヴィエト史研究は注目すべき成果を蓄積してきた。欧米のみならず中国等のアジア諸国の歴史的経験との比較の観点を意識しつつ、また人文社会科学一般に流通する最新の理論枠組みを援用しながら、ソ連崩壊後に利用可能となった新しい史料を分析する斬新な研究成果が続々と現れている。

以上の研究動向を確認するため、編者の専門領域との関連が深いスターリン時代の研究に対象を限定して、ここ数年の注目作を幾つか取り上げてみよう。まず、欧米や日本の研究者と幅広い研究交流をもち、この二〇年間、旺盛な研究活動を展開してきたロシアのオレグ・フレブニュークの作品である。彼は、ここ数年の間にも『グラーグの歴史――農業集団化から大テロルまで』（二〇〇四年）、『その家の主人――スターリンと彼のインナーサークル』（二〇〇九年）と続けざまに著作を刊行した。いずれも膨大なアーカイヴ史料に基づき、一九三〇年代の強制収容所システムの実態と政治局内でのスターリン独裁の確立プロセスを緻密に解明している。(3)

フレブニュークがスターリンを頂点とする権力上層部にとりわけ光を当てて支配のメカニズムに迫ったとすると、民衆史さらには個人史の観点から大テロルのテーマに接近したのが黒宮広昭である。日本の大学を経てアメリカで博士号を取得し、世界的に活躍する黒宮の新著『死者の声――一九三〇年代のスターリンの大テロル』（二〇〇七年）は、秘密警察により作成され、キエフの旧ＫＧＢアーカイヴに秘匿されてきた被処刑者個人の事件ファイルの解読を通して、大テロルにより忘却の淵に沈んだ無名の人々の語り得ぬ声を再現し、彼らのライフヒストリーを再構築しようと試みた作品である。(4)

ヨーロッパに目を移せば、第二章でより詳しく紹介するドイツのヨヘン・ヘルベックとイギリスのオーランド・ファイジスの大著が見逃せない。アメリカの大学院で学位を取得したヘルベックの『魂の革命――スターリンの下で日記を書くこと』（二〇〇六年）は、スターリン時代に書き残された市民や知識人の日記に基づき、生存者の聞き取り調査も交え、スターリン主義的価値観を内面化した主体の形成を跡付けた。一方、『囁く人々――スターリンのロシアにおける私生活』（二〇〇七年）を著したファイジスは、オーラルヒストリー調査と家族文書の探索を行う大規模な研究プロジェクトをロシアの協力者を得て実施し、スターリン時代を軸に家族のライフヒストリーを圧倒的な筆致で描き出した。(5)

以上は限られた成果の紹介に過ぎないが、二十世紀ロシア史の研究は、近年、国境を越えたアカデミックな交流や協力、政治史・経済史・社会史からよりミクロな個人レヴェルの歴史にまで至る多様なアプローチ、かつアーカイヴ史料や個人文書等の新たな史料の発掘と精力的な利用を通じて世界的規模で活況を呈している。日本のロシア史研究者にとって、ソ連崩壊から今日までの二〇年間は、ますます結びつきを強める世界的な研究共同体にどのように貢献できるのか、改めて考えさせられた期間となった。

第3節　本書の構成

本書は、以上に概観した近年の研究動向を受けて、二十世紀ロシア史と日露関係を対象にした研究や議論の最前線の一端を開示し、日本のロシア・ソヴィエト史研究及び日露関係の議論の活性化に竿をさすことを目標としている。

本書は、それぞれ二本の論稿を収めた四つのセクションから構成されている。第1部は「二十世紀ロシアの知と知識人」の世界に光をあてる。第1章「二十世紀初頭ロシア思想の新たな見かた」（佐藤正則論文）は、ソ連崩壊後のマルクス主義や革命思想から宗教思想等への「価値判断の転倒」を経て、現在、ロシア思想の枠組み自体の問い直しが求められていることを指摘する。その上で、二十世紀初頭のロシア思想をロシア独自の精神性の発現としてよりも、同時代の西欧思想との連関で把握する新たな研究動向に着目しながら、N・A・ベルジャーエフ等の「宗教哲学者」とA・A・ボグダーノフらのマルクス主義者が共に展開した「実在論」に光を当て、西欧思想を受容しながらも、それぞれ独自の方法で当時の思想的課題にこたえようとした二〇世紀初頭のロシア知識人の知的営為を明らかにしている。

第2章「二十世紀ロシア知識人のライフストーリー研究の可能性」（松井康浩論文）は、日記や往復書簡などの私的な文書を使った研究の世界的な隆盛を受け、一九三〇年代に青年期を過ごした二人の歴史家が書き残した当時の日記の分析を通じて、スターリニズムに対する若き知識人の相異なる向き合い方を析出する。特に、そのうちの一人で、ロシア中世・近世史の専門家の間ではその名が知られた歴史家A・G・マニコフが、スターリン体制に鋭くかつ批判的な観察眼を向けながら、スターリニズムの知の様式から自らを切り離し、伝統的なロシア・インテリゲンツィヤの列に加わろうと試みた知的苦闘・探究の後を日記の中に辿っている。

第2部「ソヴィエト体制下の国家と社会」では、アーカイヴ史料に基づいて精力的に進められてきたソヴィエト権力メカニズムや、権力と民衆の関係に関する研究の最前線を取り上げる。まず、第3章「権力と人民との『対話』」（浅岡善治論文）は、第2章で紹介された「日記」と同様、ソ連崩壊後にとりわけ注目を集める史料となった権力者や新聞編集部に宛てた民衆の「手紙」＝投書現象の解明を試みた近年の代表的な研究を検討している。その際、ソヴィエト体制下の民衆の投書を、慈悲深きツァーリに嘆願したロシア民衆の心性や行動様式との連続性、すなわちロシア的な嘆願の伝統という文脈で把握しがちな先行研究を批判し、少なくとも一九二〇年代には、ボリシェヴィキの理念に照応した形で、公的な参加意欲を高める民衆と権力が投書を通じて結びつき、「ソヴィエト的市民性」が発揮された側面があったことを強調している。

第4章「ソ連における検閲」（寺山恭輔論文）は、ソ連の検閲機関の中枢の位置にあったグラヴリト（文書出版問題総局）のアーカイヴ文書を用いてソ連の検閲にメスをいれたロシアの歴史家の著作や関係史料集に基づきながら、ソヴィエト体制の約七〇年間のほぼ全期間にわたり存在した検閲体制に関する研究の最前線を提示する。特に、グラヴリトの組織構造やスタッフ、検閲の実態、検閲に対する抵抗などの重要なイシューにつき解説を加えている。本章の筆者が述べるように、帝政時代から検閲制度があり、さらに現在のロシアでもそれが無縁ではない以上、ソヴィエト体制七〇年間の検閲の歴史の解明は、ロシア社会の理解にとっても不可欠な作業といえよう。

第3部「近現代ロシアの経済」は、ソ連時代の社会主義経済システムの歴史的意味やその実態に様々な角度・観点からアプローチした諸研究を検討したものである。第5章「ロシアの経済発展」（佐藤芳行論文）は、ソ連の計画経済体制の成立の起源を、社会主義イデオロギーよりも西欧社会と区別される「ロシアの異質性」に求める新旧の議論や研究の成果を踏まえて、一九世紀後半から二十世紀初頭に至るロシアの経済発展の長期的趨勢、とりわけ共同体的土地所有と農村過剰人口・「土地不足」問題、及び増大する農村人口を吸収するには至らない工業発展というロシア特有の経済構造に改めてメスを入れたものである。その経済問題を解決する選択肢の一つとなったのが、一九二〇年代末からの「上からの革命」により確立した計画経済体制＝「特殊な開発体制」であったが、筆者は、その長期的発展能力には限界があったことを論じている。

第6章「ソ連経済史研究の新しい流れ」（上垣彰論文）は、ソ連崩壊後、米英を中心とした英語圏の研究者たちがロシア人を含む国際的な研究プロジェクトを立ち上げ、組織的なアーカイヴ調査に基づく斬新なソ連経済史研究を続々と発表していることを丁寧に、かつ批判的にフォローした論稿である。近年のソ連経済史研究が、強制収容所労働がソヴィエト工業化にどの程度貢献したのかといった耳目を引く問に解答を与えているだけでなく、例えば、軍事と経済の相互関係に関わる現代的イシューを考察する上でも意義を有することを筆者は主張している。加えて、英米圏の研究を補完し得る良質の成果をあげてきた日本の研究者が、上記のプロジェクト等にほとんど関与し得ていない現状に警鐘を鳴らす。

第4部「日露関係の過去・現在・未来」は、北方領土問題に象徴される停滞する両国関係を、二十世紀の歴史的経緯と国際関係の文脈に位置付けて再考し、事態打開の可能性を探っている。第7章「日露友好の必須条件」（バールィシェフ、エドワルド論文）は、両国間で例外的に良好な関係が築かれた第一次世界大戦期に光をあてて日露友好の条件を探ったものである。筆者は、日露同盟と称されたその友好関係は、日本の対露姿勢が原因となってロシア側の日本への懐疑心を消し去るまでには至らなかったことを指摘するとともに、そもそも、文明的背景を異にする両国の西洋主導国に対する向き合い方が異なり、そのことから両国関係が時々の西洋諸国との関係の従属変数となりがちであること、さらに、世界経済に占める両国の位置の違いが原因となって日露友好の実現が困難であることを指摘している。

最後の第8章「『4でも0でも、2でもなく』再論」(岩下明裕論文)は、「北方領土問題」の交渉が膠着を続ける原因の一つを近年の日本外交や日本サイドの動きに見出しつつ、四島返還や二島返還といった数に問題が矮小化される隘路を乗り越えて局面を打開するための試論を提示している。特に、日米中露の四か国関係やパワーバランスの今後のシナリオとの関連で、日露関係改善の可能性を探った論稿である。

以上、本書は、二十世紀のロシア・ソヴィエト史と日露関係に様々な角度からアプローチする近年の代表的な研究や議論を紹介、提示することで、日本のロシア史研究に一定の寄与をなそうと試みるものである。本書が、日本のロシア史研究コミュニティに何らかの刺激となり、かつ、新たな若い研究者の登場に資するところがあれば幸いである。欧米諸国の研究活動に匹敵するような活況が日本にも生まれることを願わずにはいられない。

二〇一〇年三月

編者　松井康浩

[注]

(1) Samuel P. Huntington, *The Clash of Civilizations and the Remaking of World Order*, New York: Touchstone, 1996 (S.・ハンチ

ントン『文明の衝突』（鈴木主税訳）集英社、一九九八年）の第二部のタイトルを参照。

（2）鈴木義一「現代ロシアの社会意識と市民社会――ペレストロイカ期の民主化論再考」立石博高・篠原琢編『国民国家と市民――包摂と排除の諸相』山川出版社、二〇〇九年。

（3）Oleg V. Khlevniuk, *The History of the Gulag : From Collectivization to the Great Terror*, translated by Vadim A Staklo, New Haven : Yale University Press, 2004 ; Idem, *Master of the House : Stalin and His Inner Circle*, translated by Nora Seligman Favorov, New Haven : Yale University Press, 2009.

（4）Hiroaki Kuromiya, *The Voices of the Dead : Stalin's Great Terror in the 1930s*, New haven : Yale University Press, 2007.

（5）Jochen Hellbeck, *Revolution on My Mind : Writing a Diary under Stalin*, Cambridge, Mass. : Harvard University Press, 2006 ; Orland Figes, *The Whisperers : Private Life in Stalin's Russia*, New York : Metropolitan Books, 2007.

第1部

二十世紀ロシアの知と知識人

ボリショイ劇場前広場から望むカール・マルクス像

第1章　二十世紀初頭ロシア思想の新たな見かた
——知的転換と知識人の間の論争をめぐって——

佐藤正則

はじめに

二十世紀初頭のロシアでは、政治的・社会的にばかりでなく、精神的・思想的にも大きな変動と動揺が生じた。そのうねりの中で、ロシア思想を代表する数多くの独創的な哲学者・思想家たちが登場し、独自の哲学体系と世界観を競いあった。ロシアの歴史の中でとりわけ創造的で多彩な思想・文化運動が展開された時期であり、それはロシア独自の精神文化の開花と評価され、〈ロシア・ルネサンス〉と呼ばれている。しかし、このころ活躍した思想家の多くは十月革命後には祖国を離れることを余儀なくされ、その思想的所産もかつてのソ連の公式歴史学の下では総じて否定的な評価を受けていた。

こうした二十世紀初頭ロシア思想史研究をとりまく状況は、ソ連の崩壊と相前後して一変した。人々の関心は、これまで重視されてきた革命思想から、黙殺あるいは軽視されてきた宗教思想や象徴主義芸術理論へと移った。マルクス主義者があまり取り上げられなくなる一方で、ロシア本国では二十世紀初頭の宗教哲学者や象徴主義芸術理論家たちが再び注目を浴びるようになり、彼らの著作の多くが改めて出版され、未公刊の著作や書簡集、資料集などの刊行もあいつぎ、それとともにこうした思想家たちについての研究も盛んになっている。このような再評価の対象となった宗教思想家としては、ソロヴィヨフ（Владимир Сергеевич Соловьев, 1853-1900）、ベルジャーエフ（Николай Александрович Бердяев, 1874-1948）、ブルガーコフ（Сергей Николаевич Булгаков, 1871-1944）、さらにはローザノフ（Василий Васильевич Розанов, 1856-1919）などが代表的である。

また、〈ロシア・コスミズム〉や〈ユーラシア主義〉といった、これまで一般にはあまり知られていなかった思想潮流の再発見も特筆すべきことである。〈ロシア・コスミズム〉とは、人間と宇宙とが連関して能動的に進化するという理念で、十九世紀末から二十世紀初頭に広まった。また〈ユーラシア主義〉は、ヨーロッパでもアジアでもない〈ユーラシア〉としてのロシアに独自の文明論的価値があると主張するもので、一九二〇年代に亡命知識人の間で一定の影響力をもっていた[1]。

しかし、個別の思想家や思想潮流の再評価や再発見は急速に進展しているが、ロシア思想史の枠組みそのものは、従来のものと比べて、いまだにあまり大きくは変わっていないように見える。ロシア思想の主流が革命思想から宗教思想へと交代しただけで、いわば価値判断の転倒にとどまっている。ロースキー（Николай Онуфриевич Лосский, 1870-1965）やゼンコフスキー（Василий Васильевич Зеньковский, 1881-1962）といった亡命思想家が一九四〇―五〇年代に出版した通史が、欧米では長きにわたってロシア思想史の標準的な枠組みとなってきたが、それらが一九九〇年代にロシア本国でも出版された。現在でも、それらを大きく超える新たな枠組みは現れてはいないようだ[2]。今後、新たな視座から従来の図式を組み替え、革命思想やマルクス主義をも含めたロシア思想史の新たな枠組みを構築することが望まれる。

また、二十世紀初頭のロシア思想が同時代の西欧思想と関連づけて論じられることは、これまであまり多くはなかった。同時代の西欧思想の受容についての研究すら、フリードリヒ・ニーチェの影響が欧米で比較的注目されてきたことを例外とすれば、意外なほどに少ない。この時期は西欧でも〈実証主義への反逆〉と呼ばれる大きな知的転換が生じ、さまざまな新しい思想潮流が生じた時期である。(3)しかし、二十世紀初頭のロシア思想は、多くの場合、西欧とは本質的に異なるロシア独自の精神性の表れとみなされてきた。ソ連崩壊後に進展したロシア思想史の見直しにおいても、宗教思想や〈ロシア・コスミズム〉、〈ユーラシア主義〉をロシア独特の精神的遺産として評価する傾向があることは否めない。これと関連して、二十世紀初頭のロシアでは、現象世界の背後に本質の世界があると考える形而上学的な世界観が広まったが、しばしばこうした形而上学的志向がロシア哲学に固有の特質と指摘される。こうした〈ロシア的なるもの〉に依拠したロシア特殊論的な記述からの解放も、これからのロシア思想史研究の課題であろう。

それでも、二十世紀初頭のロシア思想をロシア独自の精神性・宗教性とする見かたからの脱却を図り、同時代の西欧思想との連関を視野におさめようとする動きが生じている。二十世紀初頭の西欧思想のロシアへの影響について、アンリ・ベルクソンやプラグマティズムの始祖ウィリアム・ジェームス、新カント派を取り上げた新しい研究が出ている。(4)さらに、二十世紀初頭のロシア思想を同じ時期の西欧思想との相互連関という観点から再検討し、西欧思想と同一の文脈上に位置づけることを目的に掲げる研究も現れるようになった。たとえばI・I・エヴラムピエフは、著書『十九―二十世紀におけるロシア形而上学の歴史』の序文で、ロシアの形而上学をロシア独自の宗教性の表れとみなす見かたを戒め、西欧における〈絶対的なもの〉を求める形而上学的思索の系譜に位置づける必要があると指摘している。また、N・V・モトロシロヴァの近著『ロシアの思想家たちと西欧哲学』は、ソロヴィヨフ、ベルジャーエフ、フランク（Семен Людвигович Франк, 1877–1950）、シェストフ（Лев Шестов, 本名 Лев Исаaкович Шварцман, 1866–1938）の思想と同時代の西欧思想との相互連関の解明を試みている。(5)

このように、ロシア思想史研究は現在、二十世紀初頭のロシア思想をロシア独自の精神性として再評価・復興させようとする段階から、ロシア特殊論を脱却した新たな視点からこれをとらえなおす次の段階へと移行しつつあると言ってよいだろう。

第１節　二十世紀初頭ロシアにおける知的転換と知識人の間の論争

二十世紀初頭のロシア思想を特徴づける顕著な現象は、知識社会に生じた大きな地殻変動である。これは、現在までのロシア思想史の枠組みでは、実証主義・唯物論・無神論から観念論・宗教思想への転換として、また文学におけるリアリズムから象徴主義への交代として、説明されている。(6) また、当時の思想家イヴァノフ‐ラズームニク（Иванов–Разумник, 本名 Разумник Васильевич Иванов, 1878–1946）は著書『ロシア社会思想史』（一九〇六―一九一八年）において、この時期の思想傾向を「〈実在論的〉意識から〈ロマン主義的〉意識への転換」と性格づけている。ベルジャーエフやブルガーコフ、フランクといった、それまでマルクス主義に依拠していた若い思想家たちが、世紀のかわるころに新カント派的な観念論へと立場を変え、論集『観念論の諸問題』（一九〇二年）を刊行したことが、その典型的な事例である。彼らの多くはその後、宗教哲学へとさらにその関心を移していく。ロシアの革命知識人の精神性を批判した論集『道標』（一九〇九年）も、彼らの遺した思想的産物である。(7)

また、この新たな潮流の思想家たちと、マルクス主義を堅持した思想家たち、とりわけ〈実在論者〉を標榜した理論家たちとの間で、数年にわたって活発な議論が展開されたのだが、この知識人の間での知的論争は、欧米の研究者たちからは、現在にいたるまで、新しい観念論・宗教哲学と古い実在論・唯物論・マルクス主義との対立と理解されている[8]。

しかし、こうしたこれまでの見解が、二十世紀初頭の知的転換と新たな思想潮流について、さらに知識人の間で生じた論争について、全体的構図と特徴を的確にとらえることができているかという点については、疑念が残る。まず、新たな思想潮流についてだが、〈観念論・宗教思想〉との定義づけは不充分なものに思われる。マルクス主義から移行した思想家たちが観念論に魅了されたのはごく短い間でしかない。彼らは、観念論にも満足せず、数年後には新たな独自の哲学体系の構築をめざすようになる。さらに、その新たな哲学についても、宗教思想とみなすだけでは、その特質をうまく言い表すことができない。

また、現在までの定説に従えば、やはりこの時期に発展した思想潮流であるマルクス主義は、唯物論を固守する古い思想となってしまう。しかし、そのような評価は適当ではないだろう。マルクス主義者たちの内でも、とりわけ〈実在論〉を唱えて『観念論の諸問題』の執筆者たちに論戦を挑んだ一派は、むしろ旧来の唯物論を拒み、それを克服した新しい哲学を創出しようとしていた。したがって、両者の間の論争を、新しい思想と古い思想との対立という単純な図式でかたづけることはできない。

本章では、二十世紀初頭のロシア思想の展開と知識人の間での論争について、これまでとは異なる見かたの可能性を探ってみたい。その際、眼を向けたいのは、表面上は対峙している二つの潮流の間に、問題意識や思索の方向性において、類似した特徴が見いだされるということである。とくに、一九〇五年前後から自己の思想を〈実在論〉（реализм）と呼ぶ動きが、両者の中で共通して生じている。一般的に〈観念論・宗教哲学者〉と考えられている思想家たちは、たしかに一九〇〇年代初頭には〈実在論〉を実証主義・唯物論と同一視してしりぞけたが、一九〇五年ごろから、彼らの内で〈実在論〉という言葉が復権してくる。たとえばベルジャーエフは自己の新たな思想を〈実在論〉と名づけるようになる。実証主義と唯物論を否定したベルジャーエフが〈実在論〉を自称したことは、彼の思想の中に観念論と宗教思想という性格づけにとどまらない要素が含まれていることを示唆している。また、〈実在論者〉を標榜したマルクス主義者たちも、唯物論を根底的な批判に付していることから判断するならば、これまでとは異なる新たな〈実在論〉を主張していたと考えることができる。

このように、〈実在論〉という言葉に対する新たな意味づけが、対峙する二つの潮流の双方でおこなわれている。〈実在論〉の完全否定ではなく、それまでの〈実在論〉に代わる新たな〈実在論〉をつくりだそうとする試みが生じていたと見るべきだろう。ベルジャーエフの場合も、マルクス主義者たちの場合も、自己の世界観を積極的に〈実在論〉と呼んだ期間はごく短い。しかし、彼らがともに独自の新たな世界観を構築しはじめる一九〇五年前後に共通して〈実在論〉という言葉を用いたのは、たんなる偶然ではあるまい。思想的にも政治的にも相対する思想潮流の論者がともに、それぞれ異なる意味内容をこめながらも、〈実在論〉という言葉で自己の思想を表現したことは、表面上は敵対する両者の間に問題意識や思想の方向性において一定の共通性があったことを予想させる。

以下では、いわゆる〈観念論・宗教哲学者〉とマルクス主義者それぞれについて、いかなる問題意識に根ざして、〈実在論〉という概念にどのような新たな意義づけが与えられたのかを概観することによって、両者の問題意識と思索の方向性にどのような共通性があったのかを明るみにしたい。それによって、両者の間の哲学論争についても、新たな視点が得られるものと思われる。〈観念論・宗教哲学〉の思想家としては、ベルジャーエフとブルガーコフを取り上げることにするが、彼らについては、ロシア独自の宗教性との評価にとどまらない新しい研究も出てきており、そうした最近の研究動向もふまえながら論じることとする。

第2節　〈観念論・宗教哲学者〉の場合　その1：ベルジャーエフ

ベルジャーエフは一八九〇年代末にマルクス主義から新カント派的な観念論へと立場を移し、論集『観念論の諸問題』に参加した。一九〇〇年代初頭のベルジャーエフは〈実在論〉に対して否定的な立場をとっていた。一九〇二年の論文「悲劇の哲学によせて」では、世界と生に対する態度の大きく異なる二つのタイプとして観念論的な態度と実在論的な態度とが対置されており、この時点でのベルジャーエフが〈実在論〉を唯物論とほぼ同じものとみなしていたことがわかる。

しかし、一九〇四年ごろからベルジャーエフは新カント派的な観念論に対して批判的な態度をとるようになり、それとともに〈実在論〉に対する評価も大きく変化する。論文「新しいロシア観念論について」（一九〇四年）では、観念論をイマヌエル・カントの先験的観念論の流れをくむ倫理・認識論的な分派と形而上学的で超越的な宗教を志向する分派とに大別し、前者を現象主義すなわち実証主義にとどまる視点と断じ、自身を後者に位置づけている。ここでは、新カント派の代表格であるドイツの哲学者ヘルマン・コーヘンやヴィルヘルム・ヴィンデルバントの名があげられているが、同年の別の論文「現代哲学における合理主義の危機」では、カント自身までもが合理主義者として非難されている。

このころからベルジャーエフは自身の思想を表すために〈実在論〉という名称を用いるようになる。著書『新たな宗教意識と社会性』（一九〇七年）の冒頭で、ベルジャーエフは「自らのめざすところから言えば実在論者」であると述べている。また、同年の論文「デカダン主義と神秘的実在論」では、自らの哲学を〈神秘的実在論〉と名づけている。

このようにベルジャーエフは唯物論と観念論をともに拒絶して、〈実在論〉を唱えることになるのだが、その際、ベルジャーエフは唯物論・観念論双方に同じ誤謬を見てとっている。それは〈存在〉(бытие)・〈実在性〉(реальность)からの乖離である。自身の論文集『永遠の相の下に』(一九〇七年)の序文「実在論について」で、ベルジャーエフは自らの論敵を「存在の生きた実在的完全性から遊離した合理主義者」と呼び、また、実証主義が「根本的に実在性を否定しており、存在を形而上学的幻影であると説明し、現象性、諸過程、意識状態だけしか認めない」ことを指摘している。他方で、観念論についても、マルクス主義と実証主義に対する批判としては有効であると認めながらも、「存在ではなく、ただ規範、観念、意識状態しか認めない」ため実在的ではないと、厳しい評価を下している。ベルジャーエフはこうした「実在性の感覚の喪失、存在の深みからの絶縁」を、現代の本質、現代の意識の危機と診断している。

この〈存在〉・〈実在性〉からの遊離を、ベルジャーエフは主観と客観との分裂に見てとっている。著書『新たな宗教意識と社会性』では、「合理主義とその変種(経験論と批判哲学)の立脚するところは、主観と客観との分裂、認識する精神と存在との断絶であり、これにより客観は合理化され、規定され、存在は死ぬ」と述べ、さらに、「それは我々を存在から決定的に隔て、存在との結合を許さない」と断じている。また、論文「存在論的認識論について」(一九〇八年)では、「認識の素材を与える経験がいかにして可能であり、それが主観によっていかに構築されるか」というカントの問題設定それ自体が、主観と客観との断絶、思考と存在の生きた経験との乖離を前提としていると非難を浴びせている。ここでは認識論が前提とする主観と客観との二元論それ自体が批判の対象となっている。このように、ベルジャーエフは〈実在性〉の感覚の喪失、〈存在〉からの絶縁、その表れとしての物心・

主客二元論を、唯物論と観念論双方に共通する欠陥と見ている。ベルジャーエフの批判の射程が西欧近代の世界像の全体にまでおよんでいることがわかる。

ここでベルジャーエフが〈存在〉・〈実在性〉と呼んでいるものは、現象の世界を超えた形而上学的な本質の世界のことである。ベルジャーエフは一九〇〇年前後には現象の世界のみを〈実在性〉とみなし、形而上学的な物自体の存在を認めない現象主義的な見地に立っていたのだが、一九〇五年ごろからはもっぱら現象世界の背後の形而上学的な本質世界を〈実在性〉と呼ぶようになっている。こうして、ベルジャーエフは唯物論、観念論双方を否定しつつ、新たな宗教的な形而上学の構築を試みる。

ベルジャーエフは形而上学的な本質世界の存在を主張したが、同時に、それを直観的に感得する〈神秘主義〉を唱えた。カントは形而上学的な物自体を認識できないものとみなしていた。ベルジャーエフはこの不可知論をしりぞけたが、しかし通常の認識によって知覚できるとは考えない。ベルジャーエフは、形而上学的な存在を主観－客観図式を排した直観によって直接的に感得することができるものとしてとらえていた。

ベルジャーエフが〈実在論〉の名を与えたのは、こうした形而上学的な世界観である。論文「現代哲学における合理主義の危機」では、形而上学的な本質と触れ合う認識である〈神秘主義〉こそが、合理主義を克服した真の〈実在論〉であると論じている。また、著書『新たな宗教意識と社会性』でも、ベルジャーエフは、〈神秘主義〉とは「たんなる主観ではなく、客観的で実在的なもの」であると述べている。このように、ベルジャーエフは現象の世界を超越した形而上学的な存在を〈実在性〉と呼び、それが直接的に意識の中に入ってくると考え、こうした世界観を〈実在論〉と名づけている。

ベルジャーエフは、形而上学的な本質世界を直観的に感得できるとする世界観によって、主観と客観との断絶という難題が解決できると期待している。論文「現代哲学における合理主義の危機」によれば、この神秘主義的な認識は「主観と客観との分裂のない認識、自らの対象を仮想の死んだものにしてしまうことのない認識、言いかえるならば、主観と客観との絶対的な同一性が与えられる認識、したがって、我々が世界の真の存在と触れ合う認識」である。形而上学的な本質の世界の存在を措定し、それに立脚することによって、唯物論と観念論との対立が乗り越えられ、物心・主客二元論が克服されると、ベルジャーエフは考えている。

ベルジャーエフが形而上学的存在を唯物論と観念論との相剋や主客二元論を解消する契機とみなすのは、彼が形而上学的な存在を物理的なものでも精神的なものでもなく、両者を統合したものと理解し、また主観と客観の分裂以前の状態とみなしているからにほかならない。著書『自由の哲学』（一九一一年）には、「共同体（ソボール）的、教会的経験の中に与えられるのは、存在、世界霊魂、母なる大地であって、それは主観と客観との合理主義的な分裂以前のものであり、あらゆる抽象的な知の以前のものである」との記述が見られる。ベルジャーエフが考える形而上学的存在は観念でも物質でもなく、むしろ両者の統合されたものである。したがって、ベルジャーエフの唱える〈実在論〉を〈観念実在論〉とみなすのは適当ではない。ベルジャーエフは〈実在論〉を、観念論と唯物論双方を超克するものとして提示している。

このように、ベルジャーエフの世界像においては、形而上学的な存在は主客の分裂以前のものであり、したがって、主観‐客観図式に基づく通常の認識によってではなく、神秘的な直観的経験によって直接的に感得される。論文「存在論的認識論について」では、認識を「認識する主観と認識される客観との関係」としてではなく、「存在と存在との、生の一つの機能と世界的生の別の機能との関係」としてとらえる可能性を示唆している。主観‐客観の二元論を否定することによって、ベルジャーエフが認識を個人の主観的な心理状態とみなす主観主義と心理主義をしりぞけるとともに、認識を生の機能としてもとらえなおそうとしていることがうかがえる(9)。

ベルジャーエフは、唯物論と観念論をともに拒否し、物心・主客二元論を克服した新たな世界観の構築を志し、物心・主客を統合した形而上学的存在を定立し、それを直観的に感得できるとする独自の哲学をつくりあげた。そして、そのような世界観に対して〈実在論〉の名を与えている。

第3節　〈観念論・宗教哲学者〉の場合　その2：ブルガーコフ

次に、ベルジャーエフと同じようにマルクス主義から〈観念論・宗教哲学〉へと移行したもう一人の思想家であるブルガーコフについて見てみたい。ブルガーコフが一九〇三年に刊行した論文集の表題は『マルクス主義から観念論へ』であった。論集『観念論の諸問題』に掲載した論文では、ブルガーコフは〈実証主義〉を論難している。彼は、実証主義的な知は「統一的な知」、「世界についての統一的理解」を与えることができないと指摘し、〈実証主義〉を「機械論的な世界観」、「機械論的な因果性」さらに「進歩の理論」と結びつけている。唯物論とマルクス主義はそうした〈実証主義〉の顕著な一例であった。

しかし、ブルガーコフは数年後には、観念論に対しても、唯物論と同じように、批判の矛先を向け、唯物論も観念論も同じ誤りに陥っていると主張するようになる。論文「ソロヴィヨフの哲学における自然」（一九一〇年）では、現代人の意識を苦しめている二つの悪夢として、機械論的唯物論と観念論的主観主義の双方をあげ、両者をともに機械論的世界観に帰している。また、著書『経済の哲学』（一九一二年）でも、「主観のために客観を抹殺する内在論的観念論哲学も、客観の名の下に主観を破壊する唯物論哲学も、主観と客観との生きた統一を説明することができない」と述べ、「唯物論と観念論はより高次の同一性、発展する生の統一において和解される」と主張している。さらに、カントの認識論も非難されており、ブルガーコフは「カントの哲学は観照の哲学であって、行為の哲学ではないため、主観と客観とがそこではたがいに対立しているだけである」ため、「そこには客観的現実も実在性としての自然もない」と断じている。ブルガーコフによれば、カントの誤謬は第一に個人主義、つまり認識の主観が個人と考えられていること、第二に受動的な反映論、すなわち認識上の主観が外部世界を反映するだけの存在でしかない点にある。

このように、ブルガーコフも、ベルジャーエフと同じように、唯物論と観念論のいずれをも主観と客観との分裂に根ざすものとみなし、こうした主観と客観との分離を前提とする認識理論が〈実在性〉からの人間の断絶をまねいたと断じている。

こうして、ブルガーコフもまた、唯物論、観念論双方を乗り越えた新たな世界像の構築を試みるようになる。その際、やはり主観と客観との分裂を取りのぞくことに自身の哲学の主眼をおいている。著書『経済の哲学』でブルガーコフは、〈経済〉を自己の世界観におけるもっとも重要な概念として登場させるのだが、その際、〈経済〉を「自然の敵対的な力との生の闘争」と定義づけ、また「生はなによりもまず経済的プロセスである」と述べている。つまり、ブルガーコフは〈経済〉という概念を採用することによって、外界に対する人間の能動的な実践活動という要因を世界観に導入したのだが、〈経済行為〉つまり〈労働〉という人間の実践行為において、主観と客観との不可分の結合が実現できると期待されている。「すべての経済行為は、主観と客観との一定の融合、主観の客観への浸透、客観の主観化、あるいは主観の自身から事物の世界、客観への脱出、すなわち主観の客観化を実現する」と、ブルガーコフは述べている。そのうえで、ブルガーコフは認識をも、同じような人間の実践行為として理解しようとする。彼は、〈経済〉を「感性的に知覚でき、外部に導き出されるようになった知の過程」、他方、認識を「同じ過程ではあるが、観念的で非感性的な形式におけるもの」と規定し、「どちらにおいても、独自の方式で、主観と客観との対立が克服される」と主張している。このように、ブルガーコフは、認識を独自の〈経済〉概念と結びつけることによって、主観と客観との分離の問題を解決しようとし、同時に認識を人間の能動的な行為として、さらには人間の生の機能としてとらえなおしている。

また、ブルガーコフも宗教的な形而上学に対する関心を強めたが、ベルジャーエフの場合と同じく、その理由の一つは、形而上学的な世界観の中に、西欧近代の哲学の欠陥を克服した新たな世界像を構築するための手がかりを見いだしている点にある。たとえば、論文「ソロヴィヨフの哲学は現代の意識に何を与えるか?」（一九〇三年）ではブルガーコフは、ロシアの宗教哲学者ソロヴィヨフの哲学こそが、現代人が渇望している「存在の深奥と日常的な労働とを結びつけ、個人の生を意義づけ、永遠の相の下にあるような全一的世界観」を提供することができると指摘している。また、別の論文「ソロヴィヨフの哲学における自然」にも同じ趣旨の記述がある。

ブルガーコフは、ベルジャーエフとは異なり、積極的に新たな〈実在論〉を唱えることはなかった。しかし、観念論に立脚していた時期ですら、ブルガーコフは自己の思想を〈実在論〉と整合性をもつものとみなしていた。『実在論的世界観概説』に対する書評（一九〇四年）において、「観念論者たちは実在的なもの、まさしく存在の領域を、感性的に認識されるものの枠外へと意識的に拡大しているのであり、それを実在論哲学に反してではなく、まさに実在論哲学の要請の名の下におこなっている」と指摘している。この段階でのブルガーコフは、表面上はまだ観念論を擁護しているのだが、それでも「真の実在論は、人間が肉体のない精神とみなされるような世界観とも、人間がただの動物として取り扱われるような世界観とも、等しく無縁である」と主張しており、唯物論と観念論をともに乗り越えるものとしての〈実在論〉の兆候が既にかいま見える。観念論を脱して独自の哲学を深めた時期の主著『経済の哲学』でも、自身の哲学を〈経済的実在論〉と呼んでいる箇所があり、そこでブルガーコフは「経済的実在論に、つまり労働の客体の生命的な真正さに基づいてのみ、主観的観念論は克服され、知は超主観的な思考となる」と述べており、〈実在論〉を観念論をも乗り越えるものとみなしている。このように、ブルガーコフもまた、ベルジャーエフと同じように、〈実在論〉という概念を唯物論と観念論双方にとってかわる新たな世界観をさす言葉として用いている。

第4節　マルクス主義者の場合：ボグダーノフ、ルナチャルスキー、バザーロフ

ベルジャーエフやブルガーコフらに対抗したマルクス主義者に眼を転じてみたい。新たな観念論や宗教思想運動、また象徴主義芸術運動に対して、マルクス主義を堅持した思想家たちは当然ながら批判的な立場をとったが、とりわけこうした新しい思想潮流に対して積極的に論陣を張ったのは、〈実在論者〉を自称した一派であった。彼らが『観念論の諸問題』に反論するために刊行した最初の論文集が『実在論的世界観概説』（一九〇四年）であった。代表的な論者はボグダーノフ（Александр Александрович Богданов, 本姓 Малиновский, 1873–1928）、ルナチャルスキー（Анатолий Васильевич Луначарский, 1875–1933）、バザーロフ（Владимир Александрович Базаров, 本姓 Руднев, 1874–1939）といったボリシェヴィキの理論家たちである。その後、彼らは『マルクス主義哲学概説』（一九〇八年）、『文学の崩壊』全二巻（一九〇八―一九〇九年）、『集団主義哲学概説』（一九〇九年）、『頂上』（一九〇九年）、『最新ロシア文学史より』（一九一〇年）といった論集をたてつづけに刊行し、また雑誌などにも観念

論・宗教哲学を論難する論文を発表し、論争の一翼を担った。しかし、彼らが本格的な研究の対象となることは、これまではきわめて少なかった。彼らの思想は、同じマルクス主義者のプレハーノフ（Георгий Валентинович Плеханов, 1856–1918）やレーニン（Владимир Ильич Ленин, 本姓Ульянов, 1870–1924）からは、マルクス主義を歪曲する異端として厳しく断罪され、ソ連の歴史学でも同様の扱いであった。西側では、ボグダーノフについては、かねてよりその哲学の独創性を指摘する論者はいた。また、最近ではロシアでもその伝記や著作のいくつかが刊行されるようになった。しかし、〈観念論・宗教哲学者〉に比べると注目の度合いははるかに低い。また、ロシア思想史上の位置づけに関しては、レーニンと抗争したボリシェヴィキの分派という理解を超えるものではなく、観念論者や象徴主義者との論争という文脈では旧来の実在論・唯物論・実証主義を固守するものという評価にとどまっている。

しかし、ボグダーノフやルナチャルスキーらの思想的立場を、ただ古い〈実在論〉・〈唯物論〉・〈実証主義〉とみなすのは一面的にすぎる。たしかに彼らの観念論・宗教思想に対する批判的発言は、一見したところ、唯物論・実証主義の立場からの皮相でイデオロギー的な攻撃に映る。たとえば、バザーロフが『実在論的世界観概説』や『文学の崩壊』に掲載したベルジャーエフ批判の論文は、形而上学的絶対者や絶対的人格といった理念をただ非難しているにすぎない。また、ルナチャルスキーがブルガーコフを批評した論文「ある思想家の変貌」（一九〇四年）は、表面上は、〈実証主義〉の擁護に終始している。ルナチャルスキーは、『実在論的世界観概説』に収録した論文「実証美学の基礎」でも、〈実証主義〉という言葉を堅持している。

とはいえ、〈実在論者〉を名のり、新たな思想潮流を論難したものの、彼らはマルクス主義がそれまで立脚していた唯物論哲学には大きな欠陥があると認識しており、それとは異なる新しいマルクス主義哲学を構築しようとしていた。彼らが唱える〈実在論〉は、唯物論と同一視できる従来の〈実在論〉ではない。彼らが擁護する〈実証主義〉もまた、ベルジャーエフやブルガーコフが批判する〈実証主義〉とは大きく異なる性格のものである。彼らは、マルクス主義の立場にとどまりながらも、観念論と唯物論の双方を否定しつつ、自己の新たな世界観をつくりだそうとしたのである。プレハーノフやレーニンから激しく責められたのもそのためである。

ボグダーノフやルナチャルスキーたちがその際に着眼したのは、当時の西欧で最先端の思想として注目されていたオーストリアの物理学者・哲学者エルンスト・マッハやドイツの哲学者リヒャルト・アヴェナリウスの提唱した〈経験批判論〉であった。マッハは物質と精神を本質的に異なるものとみなす考えをしりぞけ、どちらもそれ自体としては物理的でも心理的でもない感覚の要素から成り立っており、両者の差異は感覚要素の連関の仕方の違いでしかないと主張していた。ボグダーノフらボリシェヴィキの理論家の一派は、こうしたマッハの哲学とマルクス主義とを融合させることで、独自の新たなマルクス主義哲学をうちたてようとした[10]。

彼らの唯物論に対する批判はまず、その機械論的で決定論的な性格に向けられた。たとえばルナチャルスキーは論文「無神論」（一九〇八年）で、唯物論に従うならば世界は必然性の支配する自動的なプロセスとなり、人間は外部世界に積極的に働きかける能力をもたず、ただ必然性に従属する受動的な存在となり、ペシミズムへと陥ると、指摘した。ルナチャルスキーには、旧来のマルクス主義は世界における人間の位置という問題や、善悪の価値づけの問題、人間の感情といった問題を切り捨てるもののように思われていた。また、彼らは唯物論が依拠する〈物質〉や〈物自体〉といった概念が虚構にすぎないと主張した。プレハーノフは、〈物質〉・〈物自体〉が感覚器官に作用することで感覚を生じるとする認識理論を唱えていたが、ボグダーノフはこれに反論して、著書『経験一元論』第三巻（一九〇六年）の序文において、プレハーノフの言う〈物質〉・〈自然〉・〈物自体〉は「あらゆる既知のものを呼びおこす未知のもの」であると揶揄し、虚構に依拠する不毛な形而上学であると嘲笑している。彼らは本来のマルクスの思想がこうした機械論的な唯物論とは本質的に異なるものであることを証明しようと試みている。マッハの影響を受けたマルクス主義の理論家たちは、観念論と唯物論の両方を否定したのだが、彼らもまた論敵であるベルジャーエフやブルガーコフと同じように、観念論と唯物論とを同一の誤謬に根ざすものと見ていた。観念論が前提とする形而上学的な本質世界や絶対的自我も、唯物論が立脚する物質や物自体も、彼らにとっては同じように経験から遊離した抽象的な虚構でしかなかった。

この点は、バザーロフが、自身の論文集『二つの戦線へ』（一九一〇年）の序文において、くわしく展開している。バザーロフはまず観念論が絶対的な善や真を信奉する点を非難して、その根底にカントの現象主義に基づく主観－客観関係と、ルネ・デカルトの物心二元論による自我の実体化とを見てとっている。続けてバザーロフは、観念論だけではなく唯物論もまったく同一の思考の枠組み、すなわちカントとデカルトの結合に依拠していると主張する。プレハーノフの唯物論においては〈物自体〉と〈自我〉の双方が独立した実体として設定されている、とバザーロフは論難する。彼はプレハーノフやレーニンの唯物論を〈形而上学的唯物論〉と揶揄し、さらには観念論の範疇に含まれるものだとまで断じている。このようにバザーロフは、観念論と唯物論がともに主客と物心という二様の二元論に立脚することを指摘して、批判している。また、マルクス主義者たちが主客・物心二元論を否定したのは、純粋に哲学上の理由からばかりではない。彼らはこの二元論を実社会における権力関係と個人主義の反映とみなしていた。

このように、ボグダーノフらマルクス主義者の一派は、唯物論と観念論をともに拒絶して、新たな哲学を探求した。彼らがマッハの哲学に眼をつけたのは、それが唯物論と観念論双方を乗り越える視座を与えるものと考えられたからにほかならない。

論文集『実在論的世界観概説』に結集したマルクス主義者たちが〈実在論〉と呼んだのは、旧来の唯物論ではなく、マッハ主義的な、経験与件を基盤とする世界観のことであった。この論集の著者たちは〈実在論〉を、意識に直接与えられるものから出発する世界観と定義しており、序文では、「実在論は完成された認識体系ではなく、経験が与えるあらゆるものの体系的な認識へと向かう一つの道である」と述べられている。この新たな〈実在論〉が依拠する〈意識に直接与えられるもの〉は、それ自体は物質でも精神でもない。したがって、〈実在論〉という概念は唯物論でも観念論でもなく、両者をともに超えたものとして提示されている。

ボグダーノフはマッハの哲学をマルクス主義と融合させて、独自の共同主観的な哲学〈経験一元論〉を構築した。このボグダーノフの哲学体系は、著書『経験一元論』全三巻（一九〇四―一九〇六年）にまとめられている。ボグダーノフは、精神も物質もすべてそれ自体は中立的な経験要素の組織化されたものとみなし、両者の違いを本質的なものとしてではなく、組織化の段階の相違にすぎないものと説明する。心理的なものは個人的に組織化された経験、物理的なものは社会的に組織化された経験とされる。このようにして、ボグダーノフは物質と精神との対立を取りのぞき、認識を、外部に実体として存在する客観を個人としての主観が受動的に観照することとしてではなく、経験要素の組織化という人間の能動的な行為として解釈しなおし、主観と客観との二元論を解消しようとした。

また、彼らマルクス主義者たちは、認識を人間の生の機能としてとらえる傾向が強い。『実在論的世界観概説』の序文では、「実在論にとっては、認識は自然の神秘を手に入れるための自然との生きた直接的な闘争」であり、「認識は生の発現の一つ」であるとされている。ボグダーノフは経験を、人間の労働と外部の自然からの抵抗の総体と定義し、経験要素の組織化としての認識を、人間という生命体が外的自然に適応しようとする生物学的な機能の一つと解釈し、経験要素の組織化の発展を生物の進化と結びつけている。さらに、ルナチャルスキーは論文「実証美学の基礎」において、美の問題を人間の生命エネルギーの増減という生物学的な観点から論じている。

このように、マルクス主義者もまた、〈観念論・宗教哲学者〉と同じように、観念論、唯物論の双方を批判しつつ、主客・物心二元論を廃した新しい世界観をうちたてようとし、それを〈実在論〉という名称で表していた。

ロシア・マルクス主義はしばしば機械論的唯物論と決定論に陥ったと言われる。しかし、実際には、一九〇〇年代初頭からロシア・マルクス主義の内部で機械論的唯物論と決定論を克服しようとする動きがあったことがわかる。それは同時に、西欧近代的世界観が抱える物心二元論と主客分裂という難問を解決して、新たな世界観をつくりだそうとする試みでもあった。

第５節　〈観念論・宗教哲学者〉とマルクス主義者との哲学論争に対する新たな見かた

ベルジャーエフら〈観念論・宗教哲学者〉とボグダーノフらマルクス主義者とは、表面上は正反対の見解を唱えているように見える。ベルジャーエフらが経験と現象の世界を仮象として否定し、形而上学的本質の存在に基づいて自己の哲学を生成したのに対し、マルクス主義者たちは形而上学的な物自体を虚構としてしりぞけ、意識に直接与えられる経験要素のみに立脚して自己の世界像を構築しようとしている。

しかし、大きく異なる立場にありながらも、彼らが抱いていた問題意識と直面した思想的課題、そして構築しようとした新たな世界観には、いくつか共通した特徴を見てとることができる。

彼らはともに、西欧近代の主要な思想潮流であった唯物論と観念論に同一の誤謬を見いだしていた。それは、主観と客観との分離であり、それがもたらした〈実在性〉からの人間の乖離と、仮象や虚構の実体化であった。彼らは、唯物論と観念論の対立を乗り越え、また物心・主客二元論を解消した新たな世界像をつくりだすことを共通の課題としていた。

また、彼らがそれぞれ構築しようとした新たな世界観にも類似した特徴を見てとることができる。いずれの場合にも新たな世界観は〈実在論〉と名づけられている。その際、〈実在論〉は、唯物論と観念論の双方を超えた新しい世界観として、物心・主客二元論を廃し、認識を個人の主観的な心理状態とみなす認識理論を克服した世界観として提示されている。さらに、この新たな〈実在論〉的世界観の根底におかれるもの〈ベルジャーエフらの場合は形而上学的存在、ボグダーノフらにおいては直接与えられる経験要素〉は、それ自体は物質でも精神でもなく、主観と客観との分離以前の状態であり、人間の意識には、主観‐客観図式による認識によってではなく、主客の未分化の直観によって直接的に与えられる。また、両者ともに、認識を外部に実体として存在する客観の受動的な知覚としてではなく、人間の生の機能の一つとして理解している。

両者の違いは、この新たな世界観の立脚点をどこに求めるかという点にある。ベルジャーエフたち〈観念論・宗教哲学者〉は現象を超えた形而上学的な本質世界を真の〈実在性〉とみなし、他方、ボグダーノフらマルクス主義者は意識に直接与えられる経験要素をみずからの出発点とした。彼らは、同じ思想的課題に対して異なる仕方で解決を与えようとしていたと言えるだろう。

〈観念論・宗教哲学者〉とマルクス主義者との間に、思想的・政治的立場の相違にもかかわらず、思想的な問題意識や新しい世界観への志向にこうした一定の共通性があることを考慮に入れるならば、両派の間で展開された哲学論争についても、従来とは異なる見かたが可能となってくる。この論争はたんに新しい観念論思想と古い唯物論との争いではなかったし、政治的な路線対立にとどまるものでもなかった。西欧近代の世界観を超克するという思想的課題を共有したうえで、その解決の方法をめぐる論争でもあったと見ることができる。

哲学論争にこうした一面があることは、当事者たち自身もある程度は自覚していたようだ。たとえば、ルナチャルスキーは著書『宗教と社会主義』第一巻（一九〇八年）において、ベルジャーエフについて、自身と同じ前提をわかちあっていると認めており、しかし異なる方向での解決へと向かったのだとしている。また、ブルガーコフも『実在論的世界観概説』に対する書評において、ルナチャルスキーの見解が歴史過程を必然性とみなすマルクス主義の基本思想とはあいいれないことを指摘し、このルナチャルスキーの視点に同意を与えている。さらに、ブルガーコフはこの書評において、「はたしてどこに真の実在論があるのか？　二つの世界観、実証主義と観念論のどちらが実在論的と自称するより大きな権利を有するだろうか？」との問題を提起し、「認識理論においては、多くの実証主義者が主観的観念論の視点に立っているのに対して、多くの形而上学的観念論者（筆者も含めて）がまさしく実在論に立脚している」と主張している。この時点では、ブルガーコフはまだ観念論の見地に立っており、〈観念論的形而上学〉を擁護して〈実在論〉という言葉を使ってはいるのだが、自らとマルクス主義者たちとの論争がいずれの世界観が〈実在論〉の名によりふさわしいのかという論点をもつことを認めている。

ベルジャーエフら〈観念論・宗教哲学者〉たちと、ボグダーノフに代表されるマルクス主義者たちは、異なる見地に立って対峙してはいたが、唯物論と観念論をともに超克した新たな世界観を創出するという同じ思想的課題を共有しており、彼らの間で展開された哲学論争は、〈唯物論〉と〈観念論〉、〈革命思想〉と〈宗教思想〉との対立という構図にとどまるものではなく、こうした共通の課題に対する解決の方向性をめぐる議論としてとらえなおすことができる。

おわりに

本章では、二十世紀初頭ロシアの対立する二つの思想潮流に見られる問題意識や思索の方向性の共通性を検討することによって、彼らの間での論争を従来とは異なる視点からとらえる可能性を探ってみたが、この作業をつうじて、さらに二つの点が明らかになる。それは、二十世紀初頭ロシア思想史には、通常用いられている哲学概念によってはうまく定義づけたり分類したりすることのできない部分がかなりあるということであり、また同時代の西欧思想と関連づけて把握することができるということである。

ベルジャーエフら新たな思想潮流にしても、ボグダーノフらマルクス主義者にしても、〈唯物論〉や〈観念論〉といった概念で定義づけることはできない。また、本章で取り上げた〈実在論〉の場合に顕著だが、概念の意味内容そのものが動揺している場合も多い。このように、個別の思想潮流や思想家についても、思想史の全般的な動向についても、既成の概念や用語によってはその特徴を的確に言い表すことができない。これは、ロシアの精神性のもつ特殊性のためというよりも、この時期の思想的変動のためと見るべきだろう。十九世紀末までの世界観が危機に陥っているという意識が広まり、ロシアの思想家たちは新しい世界観を模索していた。こうした状況の中で、従来の哲学概念には収まらない多くの思想運動が展開されたのである。したがって、二十世紀初頭ロシア思想史を語るためには、既存のものとは異なる新しい概念や範疇、枠組みが求められる。

また、二十世紀初頭のロシアにおける新たな思想潮流の登場は、同じ時期の西欧思想の動向と深く連関している。西欧では、〈実証主義〉・〈唯物論〉・〈機械論〉・〈自然主義〉などを拒絶する動きが広まった。また、それまで支配的であった主観‐客観図式と物心二元論に基づく認識論が批判の対象となった。二十世紀初頭の若いロシアの思想家たちは、こうした西欧の思想動向にきわめて敏感であった。ベルジャーエフやブルガーコフが新カント派に傾倒したのも、ボグダーノフやルナチャルスキーがマッハとアヴェナリウスに魅せられたのも、その証左である。しかも、ロシアの思想家たちはただ西欧の最新の思想を受容したばかりではない。彼らは、十九世紀までの西欧近代思想の陥った閉塞状況を見てとり、最新の西欧思想を取り入れながらも、独自の視点と方法によって、新しい世界観をつくりだそうと試みていた。

したがって、この時期に生じた宗教哲学と形而上学への関心の高まりを、ロシア精神の特質の表れと説明するだけでは充分ではない。たしかに形而上学への志向は、一見したところ西欧思想の流れに逆行する動きに見える。しかし、本章で触れたように、形而上学が注目された原因の一端は、それが西欧近代的な世界観を超克した新たな世界像の礎となるものとみなされたからにほかならない。ロシア精神の特殊性とみなされがちな形而上学的思考ですら、同時代の西欧思想との関連でとらえ、思想史上に位置づけることが可能なものである。二十世紀初頭におけるロシア独自の哲学思想の展開は、同時代の西欧思想と同じ問題を共有し、同時代の西欧思想を批判的に摂取することによって、可能なものとなった。二十世紀初頭ロシア思想史は、西欧近代の世界観を超克するという精神的課題に対する、ロシア精神の側からの独自のやりかたでの解決の試みとしてとらえなおすことができるだろう。

【注】

（1）〈ロシア・コスミズム〉は既に我が国でも紹介されている。S・G・セミョーノヴァ、A・G・ガーチェヴァ編著（西中村浩訳）『ロシアの宇宙精神』せりか書房、一九九七年：スヴェトラーナ・セミョーノヴァ（安岡治子・亀山郁夫訳）『フョードロフ伝』水声社、一九九八年。

（2）*Зеньковский В. В.* История русской философии. в 2 т. Л., Эго, 1991; *Лосский Н. О.* История русской философии. М., Советский писатель, 1991. 一九九〇年代以降に新たに編纂されたロシア思想の通史は以下のものがある。Valery A. Kuvakin, ed., *A History of Russian Philosophy: From the Tenth Through the Twentieth Centuries*, 2vols. (New York: Prometheus Books, 1994); *Маслин М. А.* и др. ред. История русской философии. М., Республика, 2001.

（3）スチュアート・ヒューズ（生松敬三・荒川幾男訳）『意識と社会：ヨーロッパ社会思想一八九〇―一九三〇』みすず書房、一九七〇年。

（4）Hilary Fink, *Bergson and Russian Modernism, 1900-1930* (Evanston: Northwestern University Press, 1999); Joan Grossman and Ruth Rischin, eds., *William James in Russian Culture* (Lanham: Lexington Books, 2003); *Дмитриева Н. А.* Русское неокантианство: «Марбург» в России. Историко-философские очерки. М., РОССПЭН, 2007.

（5）*Евлампиев И. И.* История русской метафизики в XIX-XX веках: Русская философия в поисках абсолюта. в 2 т. СПб., Алетейя, 2000. Ч. 1. С. 5-8; *Мотрошилова Н. В.* Мыслители России и философия запада. М., Республика, 2007.

（6）ピエール・パスカル（川崎浹訳）『ロシア・ルネサンス：一九〇〇―一九二二』みすず書房、一九八〇年。

（7）ブルガーコフ、ベルジャーエフ、ストルーヴェ他著（長縄光男、御子柴道夫監訳）『道標：ロシア革命批判論文集1』現代企画室、一九九一年。

（8）Christopher Read, *Religion, Revolution and the Russian Intelligentsia, 1900-1912: The Vekhi Debate and its Intellectual Background* (London: Macmillan, 1979); James West, *Russian Symbolism: A Study of Vyacheslav Ivanov and the Russian Symbolist Aesthetic* (London: Methuen, 1970); Catherine Evtuhov, *The Cross and the Sickle: Sergei Bulgakov and the Fate of Russian Religious Philosophy* (Ithaca: Cornell University Press, 1997), pp. 16, 68-69.

（9）二十世紀初頭のロシア宗教哲学に、認識理論における主観主義と心理主義の克服の試みを見てとっている研究としては、T・P・コロトカヤの著書『新たな合理性を求めて』があげられる。*Короткая Т. П.* В поисках новой рациональности: Религиозная философия в России конца XIX- начала XX в. Минск, Навука і тэхніка, 1994.

（10）ボグダーノフに代表される、マッハ主義の影響を受けたマルクス主義者たちの思想や活動については、以下の拙論を参照のこと。佐藤正則『ボリシェヴィズムと〈新しい人間〉：二〇世紀ロシアの宇宙進化論』水声社、二〇〇〇年：佐藤正則「マルクスを読みなおす〈マッハ主義者〉たち：〈ロシア・マルクス主義〉の多面性のために」『情況』二〇〇三年五月号、一三六～一五三頁：佐藤正則「世紀転換期の思想とボリシェヴィキの哲学論争」ボグダーノフ（佐藤正則訳）『信仰と科学』未来社、二〇〇三年、一九〇～二二一頁。

第2章　二十世紀ロシア知識人のライフストーリー研究の可能性

――歴史家の青年期の日記を分析する試み――

松井康浩

はじめに

ここ一〇年程の間に、ソヴィエト・ロシア史研究は、新しいテーマの開拓と成果の蓄積の点で着実な前進を見せてきた。この現況は、ソ連が約二〇年前に体制崩壊の形でその存在意義を失った国家であることを考慮すると、やや意外な印象を与えるかもしれない。確かに日本での研究状況には一定の留保が必要だが、欧米諸国やロシアに視野を広げれば、いわゆる社会史や文化史、より限定すれば個人史や家族史の領域で注目すべき研究成果が次々と生み出されてきた。こうした研究活性化の主な要因の一つは、市民が残した日記・手紙・回想記といったライフストーリー文書がまとまった形で現れ、ソヴィエト体制を生きた一般の人々の経験＝生きられた世界に潜行することが可能となったことにある。もちろん、ソ連時代にこの種の資料がまるで存在しなかったとか、利用できなかったというわけではない。しかし、表現・出版活動へのイデオロギー的制約が顕著であったソヴィエト社会主義体制の解体を受けて、それまで諸個人のアパートの書棚や机の引き出しの中に眠っていた私文書がようやく日の目を見て、新聞や雑誌のメディアで公表され、あるいは公的なアーカイヴに移管されたことは、研究者の資料条件にとって大きなプラス要因となったのである。

当該資料にアクセスするための便宜という点で特筆すべきは、いくつかのアーカイヴがこの種のライフストーリー文書を精力的に収集する作業を今も継続していることである。モスクワでは、「モスクワ個人コレクション中央文書館・博物館」（Цетральный московский архив-музей личных собраний：ЦМАМЛС）と「民衆アーカイヴ文書センター」（Центр документации «Народный архив»）がその代表格である。前者は、党政府の活動家や知識人に力点があり、後者はより幅広い一般市民をも対象にするものだが、いずれもソヴィエト期を生きた人々の手になる貴重な個人文書のコレクションを大量に収集・保管・整理し、研究者の利用に供している[1]。

こうした資料状況の改善を受けて、ライフストーリー文書を利用した研究が近年次々に現れるようになった。そのなかでも代表的な成果として挙げられるのが、一九三〇年代のスターリン体制下を生きた人々の日記を分析したヨヘン・ヘルベックの研究と、スターリン時代を中心に、一九一七年革命から現在までの長きにわたる複数の家族のライフヒストリーを豊かに描き出したオーランド・ファイジスの研究である。前者のヘルベックは、「民衆アーカイヴ」所蔵資料を含む数多くの日記を渉猟・検討しながら、出自も世代も異なる四人の人物の日記を特に集中的に分析し、一九三〇年代を生きた人々がスターリニズムの価値に一体化し、あるいはそれを内面化すべく自ら自己改造に努めるプロセスを丹念に解き明かした。その作業を通じてヘルベックが下した結論は、各個人の自己形成は各時代の価値体系と切り離してはありえず、したがって、スターリン体制下を生きた人々はスターリニズムの外部にはいない、ということであった。公的な領域ではソヴィエト社会主義プロジェクトの熱烈な信奉者を装いつつ、信頼のおける親密な領域では体制に疑問を抱く「本当の」自分を表出するといった公私の区分を半ば許容した全体主義論も、自己利益の実現を可能にしたがゆえに人々がスターリニズムの諸政策を支持したという合理的、利己的主体像を示した社会史派も、いずれも西側のリベラルな主体のあり方をソヴィエト史に投影したものであるとヘルベックは批判する。ヘルベックの仕事は、公私の分離を前提にしたリベラリズム体制下の主体のあり方とは異なるソヴィエト的主体性を浮き彫りにする試みであった[2]。

他方、ファイジスは、私領域や親密圏の自立性を否定しがちなヘルベックへの批判をにじませる。彼は、ソヴィエト体制下の抑圧を記録にとどめる活動を続ける市民運動団体メモリアルの三つの支部（モスクワ、サンクト・ペテルブルグ、ペルミ）の活動家・専門家の協力を得て、スターリン時代を経験した膨大な人物を対象にしたオーラルヒストリー調査を敢行し、かつ当該家族が保管したライフストーリー文書の発掘と分析をあわせて行うことで、複数の家族史を恐ろしくヴィヴィッドに描写することに成功した。ねばり強い作業を経由したうえでファイジスは以下のように主張する。「家族は、スターリン統治下でそれに向けられた未曾有のプレッシャーにもかかわらず驚嘆すべきサヴァイヴァル能力を発揮した。家族は、人間存在にとっての伝統的支柱――隣人共同体、村団、教会――がすべて根本的に弱体化され、破壊された社会において、唯一の安定した制度としてテロルの時代の渦中から出現した。多くの人々にとって家族は、信頼できる唯一の関係、帰属感を抱きうる唯一の場所を表すものであった」[3]。

こうした近年の最新の研究動向を横目でにらみつつ、筆者は、家族はもとより、もう一つの別の親密圏ともいえる友人関係の様相にウイングを広げて研究を進めているが[4]、本章では、一九三〇年代に青年期を過ごし、後に歴史家となる二人の人物の日記を素材にして、若きロシア知識人の内面世界の描写を行う。そして、その作業を通じて、特にヘルベックが打ち出したスターリニスト的主体像の再検討を試みたい。まず、対象とする最初の一人、ロシア中世史家のE・N・オシャーニナ（Елена Николаевна Ошанина, 1911–1988）は、一九三〇年代の記述を含む日記及び家族らと交わした書簡を多く残した。彼女の経歴のポイントは、一九三三〜三五年に夫の職務の関係で中国に滞在したことである。在外生活経験が彼女の日記に何か特別な跡を残したのかどうかが一つの注目点となる。もう一人は、後に著名な十六・十七世紀ロシア史家となるA・G・マニコフ（Аркадий Георгевич Маньков, 1913-2006）である。体制への批判的観察に彩られた一九三〇年代の彼の日記は、スターリニズム的な知の様式から自らを切り離すことで、自己アイデンティティを確立しようと試みた若き知識人の苦悩に満ちた営みを浮き彫りにしている。

本章は、この二つの日記を検討する作業を通して、ライフストーリー文書を利用したロシア知識人研究の可能性について改めて考えてみたい(5)。

第1節　オシャーニナのケース

旧レーニン図書館（現ロシア国立図書館）手稿部に勤務したロシア中世史の専門家であるオシャーニナは、一九二二年から一九六七年までほぼ途切れることなく綴られた日記に加えて、家族や友人らとの間で交わした膨大な書簡を残し、それらは一つのフォンドにまとめられて、「モスクワ個人コレクション中央文書館・博物館」に保管されている。このアーカイヴは、二〇〇を超えるこの種のライフストーリー文書を保有しているが、その膨大なコレクションの中で、筆者がこのオシャーニナのそれに特に着目したのには先に言及した理由が、すなわち、彼女が、一九三三〜三五年の間、通訳として在中国ソ連領事館に勤務した夫とともに、中国の上海や南京に（短期には日本にも）滞在した経験を有することがあった。数年間とはいえ、国外＝スターリニズムの外での生活を経験したことが、彼女の価値観や体制観に何らかの作用を及ぼしたのか、端的にいえばスターリニズムに対する独自の向き合い方を可能にしたのかどうかという点が、彼女のライフストーリーに筆者が最初に関心を寄せた理由である。

この着眼の背景には、言うまでもなく、スターリン時代を生きた人々はスターリニズムの外側に出られないというヘルベックの主張がある。ヘルベック自身は、この点に関わる論拠を補強する目的で、歌手・詩人として長く西欧や米国に居住し、一九三五年にアメリカ人の夫と別れた後に望郷の念からモスクワに戻ってきた女性の日記を取り上げている。つまりソヴィエト体制下の生活を直接体験する機会のなかった人物が、いかなる内容の事柄を日記に記しているのか、ソヴィエト体制下で書かれた他の大多数の日記とどのように異なるのかに注目しているわけである。その際、特に光が当てられたのが、日記の記述にみられるスペイン描写であった。一九三〇年代のソ連では、スペインといえばスペイン内戦をめぐる言説がマスター・ナラティヴとして存在した。そのため、その時代に書かれた市民の日記においても、「ファシズム勢力に対して英雄的な内戦に従事している国民」といったイメージを基礎にした反ファシズム連帯の姿勢が示されたという。それに対し、その帰国した女性の場合、スペインは全く別の描き方がなされる。つまり、「目もくらむような……全世界を温かく包みこむ」スペインの太陽、光と明るさに満ちあふれた気候・風土にかかわるスペイン表象が彼女の三年に及ぶ滞在経験をもとに綴られたのである。ここでのヘルベックの意図は明快である。ソヴィエト体制下での生活体験をもたなかったのであればまだしも、スターリン体制下に生きながら、人はその「知の枠組み」から抜け出すことはできないことを、逆の角度から傍証しようと試みているのである。(6)

以上の点を踏まえて、改めてオシャーニナの経歴と日記を見てみよう。一九一一年十一月にペテルブルグに生まれたオシャーニナは、一九一四年に、官庁職員であった父親の仕事の関係でモスクワに移り住んだ。しかしその直後に父親が腎臓疾患により急死したため、彼女は母親と三歳年上の姉とともに残された。一九二〇年に、彼女はソヴィエト型の学校への改変途上にあった七年制の旧ギムナジウムに入学し、その後一九二七年にクスターリ工業専門学校化学学部に進学、そこを一九三一年に卒業した。卒業後、化学分析員として工場勤務を開始したものの一九三三年には結婚して中国へ向かい、二年程度の滞在を経て帰国した後、もとの職場に戻って勤務を続けながら同時に夜間のコースで学業にも傾注した。さらに一九三六年には文学哲学史研究所歴史学部に入学し、一九四一年に優秀な成績を収めて卒業するまでそこで勉学に励んだ。しかし、独ソ戦の開始以後、オシャーニナはモスクワ大学とともにアシハバードに疎開し、そこで病院の看護婦及び大学教育部の書記として働いた。一九四三年にモスクワに戻り、クイブィシェフ地区の図書館勤務を経て、一九四五年一月からレーニン図書館手稿部の職員となった。そして、一九七八年に年金生活者となるまで、オシャーニナはそこの専門職員として勤めあげたのである(7)。

一九二二年から綴られた彼女の日記、及び書簡のコレクションは恐ろしく膨大な分量に及ぶため、現時点での筆者の分析・検討の範囲は、先の問題意識との関係でまずは対象とすべき一九三〇年代の日記の記述におおむね限られている。その限定的な作業からであれ途中経過的に確認できることは、彼女の在外経験に着目した筆者の見込みはおそらく的外れであった、という事実である。当時の彼女の日記全体を概観して言えるのは、そこにスターリニズム下の体制や諸政策に対する批判的なまなざしなどはほぼ全く窺えないということである。この点で、オシャーニナの日記は、後述するマニコフのそれ、陰鬱で過酷な日常生活描写と体制批判に彩られた日記と好対照をなしている。特に、急進的な工業化路線と強制的農業集団化の結果として各地で飢餓が発生し、配給面で優遇された大都市でも食糧不足に見舞われていた一九三〇年代前半の時期に記されたオシャーニナの日記は、その内容だけに注目すれば、スターリン体制下のモスクワで書かれたことを微塵も感じさせないものとなっている。その時期の記述の大半は、彼女の職場を舞台にした自身の恋愛話に終始している。そして、その複雑な恋愛関係の中に、夫との結婚の経緯、さらには中国への出発と滞在にかかわる話が登場するのである。

後の議論とも関係するため、この結婚のいきさつに触れておく必要があり、日記の記述に従えばそれは概ね以下のようなものであった。一九三二年十二月末に、唐突に、オシャーニナに結婚話が持ち上がる。彼女は、その相手（つまり後に夫となる人物）と特につきあいがあったわけでもなく、わずかに、彼は、以前同じ住居に住んでいて、子供のころから彼女のことを見聞きし、フランス語を彼女に教えたことがあるといった関係にとどまった。中国専門家の彼は、近く、通訳・大使館職員として中国に長期に滞在することになったのだが、帯同する妻として、なぜか彼女に白羽の矢をたてたわけである。彼女自身は、こうしたいきさつに当惑を感じたものの、母親は特に反対するわけでもなく、結局、オシャーニナは彼と交際を始めることになった。その後の日記では、新しく始まった交際の描写が記述の大半を占める。ある日の記述では、バスの車内での二人の親密な様子が題材となり、冷気で凍ったバスの窓硝子に彼が彼女の名前を中国風に漢字で書きつけるシーンが描写されている[8]。こうして、唐突に始まった二人の関係が、親密さを帯びていくプロセスが日記から窺える。結局、オシャーニナは彼と結婚して中国に向かい、上海や南京に滞在する貴重な経験を得た。オシャーニナが姉に宛てたある手紙は、彼女が、在外期間中に（一九三三年三月）神戸をも訪れたことを示している。「オリエンタルホテル」というレターヘッド入りの便箋に綴られた神戸港から見たホテルの外貌やヨーロッパ的に洗練されたロビーの描写からは、これまでにない体験をした彼女の高揚感が伝わってくる[9]。

もっとも、本章の観点からして重要なのは、在外経験がオシャーニナに、あるいは彼女の日記の記述にどのようなインパクトを与えたのか、という問題である。確かに、帰国後の彼女は大きく変わった。より正確に言えば、少なくとも日記の記述は大きな変化を遂げた。しかしその変化は、当初筆者が想定したスターリニズムへの批判的視点の獲得といったベクトルを示すものでは全くなかった。そうではなく、変わったのは、オシャーニナの自己意識である。帰国後オシャーニナは元の職場にもどり、かつ夜学のコースで勉強を再開した。昼間働き、勤務後に勉学に取り組むことは無論大変な労力であるにもかかわらず、オシャーニナは、さらに夫との決別まで決意しつつ、自立した女性として生きようと試みた。当時、在外勤務をする人物はソヴィエト体制のエリートといえ、実際、後に彼は中国の専門家として科学アカデミーの研究員となり、東方諸民族大学の学長にもなった。したがって、その夫の妻として暮らしていくのは傍目にはそれほど悪い選択肢ではなかったように思えるものの、少なくともその時点では、夫と別れて自分の人生を歩む決意を明らかにする。このように、あえて困難な道を選ぼうとする理由が、彼女の日記のなかに綴られているのだが、そこには、彼女の在外経験を含めて、これまでの人生が自分の力で切り開かれてきたわけではないことを自省し、人生を自ら再構築しなければならないことを決意するある種の自己刷新願望が示されているのである。その意気込みが端的に表された部分を、一九三五年十二月一日付の彼女の日記から抜粋してみよう。

その課程（курсы）は私に多くのことを与えてくれる。ほんとうに、これは「魂」のためになるのだ。私はいつものように仕事をして、不快なことがあっても、こう考える。私には学業がある。そこにこそ本物が！　そして実際にあらゆる不快なことに耐えられる。なぜなら目的があり、そのために生きるべきものがあるからである。……実のところ、私は、人生で意義あることを何もなさなかった。残念ながらこう言わなければならない。というのも、私が外国に行ったことがあるというのは、私の功績ではない。残念ながら私のものではない、私のものでは全くない。……とりわけこのことは、学校時代の友人――クリチツキー……、ヤクーシチェフなど――に会った時に痛切に感じられた。彼らは多くのことをなしている。彼らは国にとって価値ある技師、すでに円熟した技師である。……過ぎ去った日々がうらめしい。しかし、［当時］（［　］内は引用者の注。以下同じ）それ以外のことはできなかったし、物質的にも、学業への能力という点でも可能性はなかった。今では、以前より学ぶことが容易になった[10]。

国に貢献する技師として活躍する旧友との出会いを契機に、在外経験を含めた自分の人生を作り変える志向を示したオシャーニナの自己刷新物語は、一九三〇年代、特にその前半に、ソヴィエトの女性の前に示されたモデル・ナラティヴともかなりの程度符合している。当時の女性向けのソ連の雑誌には、夫に依存して生きる生活を絶ち切って外の世界で働き、自立した人生を切り開く試みを展開する女性を描く小説などが掲載されたように、女性労働需要が急拡大した三〇年代前半には、その種の生き方が一つの模範として女性の前に提示されていた[11]。もっとも出生者数の減少を受けて、三〇年代後半からは、子供を産み育てる女性像の復権が図られるが、オシャーニナ自身は、一九三〇年代後半に大学に入学し、そこでトップの成績を上げるべく勉学に奮闘し続ける様子を綿密に日記に綴っている。

以上のように、夫から自立し、学業を通じて自らの人生を自らの力で切り開く歩みを記録した彼女のセルフ・ヒストリーには、筆者が抱いた当初の目論見とは異なり、スターリニズムへの批判的なまなざしなどは微塵も感じられず、そこで示されていることは、スターリン体制が曲がりなりにも提供した女性の活躍する舞台（教育・職業）を積極的に活用し、国家に貢献できる人物に成長することで自己実現を果たすという彼女の意欲であった。ヘルベックの主人公が企てた自己改造プロセスのような痛ましさは感じられないものの、オシャーニナの日記は、ヘルベックの提示した主体像により適合的な論拠を提示するものといえる。

第2節　マニコフのケース

次に取り上げる人物は、後に十六～十七世紀のロシア経済史家として名を残すことになるＡ・Ｇ・マニコフである。マニコフは、帝政ロシアの元老院の役人を父に持ち、したがって旧体制下でそれなりの社会的地位を享受した家庭に生まれた。革命後、父は弁護士業を営むものの、農業集団化時に農民に加えられた専横を前になすすべもなかった無力感からかその仕事を離れ、一九三〇年代には住宅賃借協同組合（ЖАКТ）の会計係をかけもちしながら最低限の稼ぎを得て生計を立てていた。そのため、レニングラードで暮らすマニコフ家の家計は常に苦しく、その窮状はマニコフの日記の端々から窺える。

以上の家庭環境を思い起こしたマニコフの晩年の回想記によれば、マニコフは一九二〇年代後半から日記をつけ始めた。当初の日記の記述は十月革命やレーニンへの讃辞に満ちたものだったが、一九二〇年代末からの工業化や農業集団化がもたらした日常生活の急激な悪化、とりわけ農村の窮状を目にして、マニコフは体制に対する批判的なスタンスに転じたという。彼が一九三〇年代に綴った日記はその一部が現在まで保存され、一九三二～三四年、一九三八～四一年の期間に書きつけられた記述をわれわれは目にすることができる。この日記は当時の政治や社会を厳しく批判する論調に彩られており、オシャーニナのそれとはまさしく正反対に、一般にイメージされる暗黒時代としてのスターリン体制を生きぬいた人物であることが容易に読み取れる「作品」となっている。

筆者は、以前からマニコフの日記に着目し、その一部を分析した論稿をすでに発表したことがあり、その中で彼を、革命後に人格形成を遂げスターリン体制下を生きながらも、その体制の内側から胚胎した「全体主義論者」と位置づけた。[12] マニコフ自身が「全体主義」の言葉を実際に用いたわけではないにもかかわらず、彼の主張を全体主義論の一種と評価した理由を簡略に繰り返せば、まずはイタリアのファシズム体制とソヴィエト体制が「恐ろしく類似している」ことを的確に指摘したことがあげられる（一九三九年十二月十二日の記述）。マニコフは、両体制の共通点として、ともに「ただ一つの支配政党」「ただ一つの青年組織」があって、かつ「党による事実上の独裁」「その党の一人の人物による独裁」が貫徹し、憲法などは「イチジクの葉」にすぎないこと、始終、学校や工場で宣伝活動が展開されていることを挙げた。これはカール・フリードリヒとズビグニュー・ブレジンスキーがまとめた全体主義の六つの指標のいくつかに該当し、全体主義体制の中核的特徴が巧みに押さえられているものと判断できる。さらに、ハンナ・アレントの全体主義論を彷彿とさせる形で、スターリン体制下でのアトム化、人と人のつながりの喪失、家族の解体をも主張した。「我々のところには社会はない。それはカオス的運動を繰り返して互いに衝突しあうアトムに、単位に解体した。……家族――紐帯の一次的単位――もまた存在しない」（一九四〇年十一月四日の記述）。マニコフは、日記の他の個所でも「アトム」という言葉を用い、つながりを喪失した家族に係わる描写を繰り返している。[13]

以上のように、日記の一部を少し垣間見ただけでも、彼の鋭い観察眼と知的な資質に深く印象付けられることは疑いない。もっとも、彼が、こうしたクリティカルな認識で迷いなく一貫していたわけではなく、時折、自身の見解を自ら打ち消すかのような逡巡を示すことがあったことも指摘しておく必要がある。たとえば、一九三三年三月三十日の日記では、「マルクスの名前でカモフラージュ」されてはいるものの、現在のロシアでは、実際には、資本主義の歴史に見られる「本源的蓄積」が「人民の汗と血」でもって、民衆への「暴力と専横の方法」によって遂行されているとマニコフは喝破し、「大衆へのあらゆる暴力に抗して戦わなければならない」ことを、マニコフと同じく国立図書館が開講する夜間コースに通ってくる友人のゴルシコフに対して強調した。しかしそれに対し、ゴルシコフは、もしそうであれば「愚か者が政府の席を占めていることになる」としてマニコフの判断や結論に同意を示さなかった。こうしたやり取りを記した一週間後の四月七日の日記の中で、マニコフは次のような見解の揺れを露わにする。

ひょっとして、……私が書いたことはすべて間違っているのではないか。近視眼。もしかして、これは［社会主義建設という名の本源的蓄積］現象の表面、表向きにすぎず、全くの必然、いわば歴史の法則に則ったものでは。この見せかけの背後に光り輝く本質が隠されている？！？　私はこの本質を見過ごしているのではないか。なぜなら、私は取るに足らない近視眼の畜生（тварь）、真理を汚すことはあっても決してそれを解明できない畜生なのでは？　ゴルシコフが正しい？？　もしかして、本当はわが支配者達は賢人でありかつ人民の選ばれたる者で、実際にかつ真に人民の幸福を願い、しかし、いくつかの客観条件ゆえに今行っている政策を実行せざるを得ないのではないか？？　例えば敵対的な環境のせいで？　西と東での戦争の実在ゆえに？(14)

マニコフの日記にも検討を加えたヘルベックは、マニコフが自身の考えに対する疑念を繰り返し、一種の自我の危機を迎えていることを指摘する。つまり体制の価値システムと彼の自己意識があまりに深く結び付いているがゆえに、体制を批判することが彼自身の自我を危機にさらす結果になっているというのである。さらに、彼が体制批判を行うにしても、そこでそれに対置するヴィジョンが、歴史の発展段階史観に基づくマルクス主義的視点を超えるものではなかったことを根拠に、結局マニコフもスターリニズムの大枠の外には出ることができなかったことをヘルベックは強調する。[15] しかし、トータルに見れば、社会の支配的価値観から自らを切り離し、新たな地平に到達するまでの知的な苦闘の跡を日記は示していると理解するほうが適切に思われるし、繰り返される自己批判は、彼の知的誠実さを表しているようにも思われる。いわば、「知のせめぎあい」が彼自身の内部で渦巻きながら、最終的にはファシズムとスターリニズムを同一視する全体主義論――それはマルクス主義の地平を超えるもの――へと彼はたどりついたものと考えられる。

後で紹介する日記の記述で明らかになることをここで先取りすれば、マニコフが示すこの種の知的懐疑や逡巡は、十九世紀ロシア文学にたびたび現れたロシア知識人の一つのタイプ、すなわち「余計者」としての自意識の表れと解釈できるようにも思われる。この「余計者」という人物モデルは、自身が生きる時代の政治や社会のあり方に批判的でありつつも、なすべき方策が見当たらないことから、自らの知的優位を自覚しながらも疎外と孤立と無力感の中を生きざるをえない貴族出自の知識人をその典型とするものである。確かに、マニコフの日記の通奏低音として流れているのは、自分は知的な人物であるとの自己顕示意欲であり、彼の知識人アイデンティティのほとばしりとでもいえるものであった。日記には、彼の「社会科学者」的な観察眼にみちた社会分析が、彼の豊かな表現力をともなって数多く登場する。一例をあげれば、彼は人口に膾炙する「アネクドート」の話に触れ、次のように解説を加える（一九三三年七月二十四日の記述）。

いつか、われわれの時代の日常生活史を書くという困難な仕事が誰かに割り当てられたとき、疑いなく、歴史の際立った一ページであるアネクドートを避けて通ることはできない。そこには、奇妙な形で、すべてが表現されている。国家の政策の苛烈さや不正義に抗する普通の市民のプロテストや憎悪も。市民の希望や期待も。笑いも涙も。これらのアネクドートにないのは、どうして（чего）、なぜ［という問い］、それだけだ」[16]。

歴史家がスターリン時代の日常生活史を書く際の不可欠の資料としてのアネクドートといった理解は、マニコフが第三者的な立ち位置から社会を観察していることを象徴的に示すとともに、後に歴史家となるマニコフの高い資質をも示していると思われる。

ここで問題となるのは、彼が知的な人物であることを自己主張する場合、彼のいう「知」ないし「知的」とは何を意味していたのかということである。結論的にいえばそれは、スターリニズム的な言葉＝知の表現形態の対極にあるものであり、日記の記述の端々に看取できる事柄であった。典型的には、それは自分が学ぶ夜間のコースで講師が語る言葉へのマニコフの着目の中に現れ、歳老いた老教授の言語表現のなかに「文化」を見いだして彼は次のように述べている。

図書館の授業でフォーミン教授が講義を行う。彼と出会って、私は初めて、語り（речи）の真の文化を見てとった。それは生産現場でかくも大きな力で馴染んだ演説の語りの決まり文句とは何十億キロもかけ離れたものである。……この言葉の文化は、過去の賜物である」（一九三三年四月十二日）[17]。

ここでいう「過去」は明らかに革命前の時代をさしている。実際にマニコフは、十九世紀の文学者の作品、ドストエフスキー、サルトィコフ=シチェドリン、はたまた哲学者のソロヴィヨフなどの作品を読み、生活の苦しい中、少ない金をはたいてそれらの本を入手しようと努めていた。時には、生活がまだ豊かであった過去のしかるべき時期にそうした本を入手しておかなかったといって、父親に非難の言葉を向けたりもしている[18]。

いずれにせよ、マニコフは、スターリニズム的な知とは異なる知識人であろうとし、それを達成することが、彼にとっての自己実現であったといえる。マニコフの日記は、知識人アイデンティティを身につけるプロセス上の成果を克明に記録するための媒体と位置付けることも可能であろう。マニコフ自身は、日記なるものを、自分の「印象や体験を客観化するより良き手段」とみなし、かつ日記を、「主体が精神と肉体のバランスある状態を、それを通ることで獲得するためのくぐり穴」であると、やや難解に表現している[19]。

しかし日記に書くだけで精神と肉体のバランスを図れるかというとそれはやはり困難だったのか、彼は一方で大変な孤独感を抱えていることを率直に告白している。「長いこと彼［ゴルシコフ］に会わない間、ひどいふさぎの虫が私を苦しめた。疑いなく、これは孤独から生じている。延々と続く終わることのない孤独。そこで私はむなしく生きている」。そして、その孤独感を埋め合わせる行為として出てきたのが、日記を他者に見せる、読ませる行為であった。彼は次のように続けた。「日記は、それを受けとめるある種の土壌に行きあたることが必要で、つまりそれを受け入れるか、あるいは断固として容赦なく拒絶することのできる土壌である。日記の最初の読者だったのがゴルシコフである[20]。」

先に述べたように、筆者の解釈では、マニコフは、スターリニズム的な知と決別することで自らの知識人アイデンティティを確立した人物であった。しかし、アイデンティティ論の基本的知見が示すように、アイデンティティは単独では成り立たない、つまり独りよがりでは確立し難く、その自意識は他者からも承認されなければならない。言い換えれば、日記に自己の知性をさらけだすだけでアイデンティティを安定させることは難しく、なお一層孤独感が募ることになったのである。そこで、友人に日記を見せ、自身の意見に賛成であれ、徹底的に反対であれ、自身という存在に対する承認を他者から得ようと試みたのではないかと考えられる。彼の記述に登場するゴルシコフという人物は、先に触れたように、マニコフと同じ夜間のコースに通う友人であったが、しかし、マニコフの位置付けでは、ゴルシコフは彼の親友というわけではなかった。一九三三年六月十二日の日記の記述からも窺えるように、その逆に、ゴルシコフの生き方はマニコフにとって軽蔑の対象ですらあったようである。

今日、授業にゴルシコフがやってきた。彼とはごくまれにしか会っていない。最後に会ったのは、二ヵ月前だった。ゴルシコフにパスポートが与えられた。ある協同組合組織の美術担当（художник）として雇われ、良い給料をもらい、何不自由なく暮らしている。……今や自分の金を手にし、学業という見通し不確かなものから、安易で、ちゃらちゃらちゃらした、若いぐうたらの生活にやすやすと痛みなく乗り換えたのである。その基本戒律は、ぶらぶらし、飲んで、食べることである。しかし、論理的には彼は一貫してふるまってきた。はるか昔からある商人特有の道徳モデルである。「可能なものはすべて、人生から手に入れなければならない」。もちろん、手に入れた代わりに何かを与えはしない！　ゴルシコフも同じだ。[21]

しかし自分と対極的気質をもつ友人に日記を見せることもまた、他者とは異なる独自の彼の知識人アイデンティティを確認するためには好都合であったのかもしれない。

自己アイデンティティを定義するために他者に自分の日記を見せることは確かに一つの方法であったとしても、

マニコフはそれだけでは満足できなかったのか、そこからさらに一歩進み出て、同じ時代を生きる知識人に自分の考えを伝えることで、知識人と目される他者からの承認をも得ようと試みた。当時、文学者としてその名が知られ、著作は日本の図書館にも所蔵されているA・K・ヴィノグラードフという人物に向けて彼は手紙を送り、その手紙の内容を日記にも書きとめている。マニコフは、ヴィノグラードフが編集した『十九世紀の若者の歴史』と題した本を興味深く読んだことにふれ、とりわけ序文が素晴らしく、「あなたは疑いなく言葉の芸術家だ」とまで褒めたたえた。しかしそれだけに、なおさら腹立たしく感じられる部分が本書にはあると指摘したうえで、次のように述べている。かなり長い文章だが、マニコフの「余計者」アイデンティティが明確に示されている部分であるため引用しよう。

あなたは［十九世紀の］余計者（лишний человек）たる若者の人生における深い葛藤を明らかにしている。……しかしながら、わが国の、われわれの時代の若者にはわずか三〇行しか割かず、しかも、われわれのところには余計者はいないしあり得ない……といったことを教条的に主張しているだけである。……現在について語る時、あなたは決まり文句の言葉を、ドグマを、あるいは新聞の公式用語で単に語っているのである。しかし、話はこれにとどまらない。論集やあなたの序文から判断して、議論は、現実を受け入れられず、過去に逃避する寄る辺なき余計者の若者に終始している……が、他のタイプの余計者の若者、つまり原理的に彼と同じ時代の現実を受け入れず、その拒絶の線を進むのだが、過去に向かうためではなく、将来の理想のために進む人間が「存在することが」知られている。将来の生活がより良きものとなるとしても、それは、現状を容赦なく解体することの代償としてのみ達成され得ることを彼は知っているのである。革命家というのはここに関係している。……あなたは、余計者の若者がわれわれのところにはいないと、根拠なく主張しているのである。あなたは次のように書いている。「社会的有機体と結びついた健康で、強力な人間が、資本主義時代の典型的な主人公にとって代わるだろう」と。……しかし、不正義、暴力、専横の鉄の拳がこの有機体の内部を支配しているとき、ほぼ全員が公共的な生産活動に従事する一方（確かにこれは全員ではなく、また、平等な基盤においてではないが）、消費に十分与るのはごくごく少数の者、しかも、その中の大半は直接的な生産には携わらない指導的党官僚、軍隊、GPU等である時、はたして、若者が「全社会的有機体と結びつく」などということはあり得るのだろうか？……穀倉地帯で人々が飢えのためにむくみ、死んでいく現実、仕事を求めて大都市へ逃げ出している現実と、若者が同調的であり得るのか？　……あなたが書く必要を認めれば返事をください。……あなたにお願いしたいのは、自分の言葉で自分の用語で説得的に書くように。最初から最後まで嘘の塊である新聞のから騒ぎの言葉ではなく。……[22]。

マニコフが、この手紙を実際に出したのかどうかを確認することは、今となってはできない。ただ、四ヵ月後の日記に、ヴィノグラードフからは返事がなかったことを記している[23]。また実際に送ったのかどうかという事実よりも、その内容に示されたマニコフの辛辣な社会の現状への評価に加えて、自らをスターリン体制下の「余計者」に位置付けるところがなお一層興味深く思われる。さらに、日記の記述に従えば、彼はこの手紙の下書きを机の上に放置したため、それを母親に見とがめられ、「気でも狂ったのか……私たちを破壊する気なのか」と激しく糾弾されたことを記している[24]。しかし、この件も、家族を他者に見立てて、自らのスタンスやアイデンティティを意図的に示す試みだったといえるかもしれない。

いずれにしても、マニコフが体制と自己を切り離し、体制の知の様式とは異なる価値観に立つことで、自らの知識人アイデンティティを確立しようとしたことは確実であり、そしてそこに、スターリン体制への一つの抵抗の姿勢を我々は見てとることが可能であろう。もっともマニコフのソヴィエト社会描写は、特に家族や私領域にまで及ぶアトム化を指摘する全体主義論的分析を加えたという意味で、ネオ全体主義論と評されることもあるヘルベックの議論に重なる点もある。しかし両者に共通性があることが逆に、ヘルベックの結論とは異なり、スターリニズムの外部に位置した人間がスターリン体制下に存在した一つの証拠ともなっていると言わなければならない。

おわりに——ライフストーリー研究のさらなる可能性に向けて——

以上、後に歴史家となる二人の若者、オシャーニナとマニコフの青年期の日記を中心に検討してきた。いずれも、革命後に自己陶冶を遂げた若い世代に属したが、両者の日記はかなり異なる光彩を放っているように思われる。オシャーニナは、スターリン体制が女性に対しても提供した職と学習の機会を生かしながら、夫から独立した自らの人生を切り開くべく勉学に勤しんだ。マニコフも、工場で働きながら夜間のコースで学び、その後、レニングラード大学の歴史学部に入学することになったのだから、その意味で、教育資源へのアクセスという点では両者は類似してもいる。しかし彼の場合には、体制の価値体系と切り離された知の体系を身につけ、スターリン体制下の「余計者」として生き抜こうと試みたことがオシャーニナと決定的に異なる点であり、それは彼なりのスターリン体制への抵抗を示すものであった。もっとも、両者には、強烈な自己実現願望という点で共通する点もある。若者だから当然であるともいえるのだが、その意味で、二人が近代的な個のアイデンティティを保持していたことも確認できるし、かつ、いずれも知的な人間（人文学的インテリ）でありたいという渇望を心に秘めていたことも窺い知ることができる。ただ、あえて繰り返せば、マニコフの場合は、現体制の言葉と切り離された言葉の文化に到達することこそが本物のインテレクチュアルであるとの考えで一貫していたところが印象的である。

本章では、二人の若い知識人の日記を分析したにすぎないが、モスクワのアーカイヴに限定してもまだ膨大な数のライフストーリー文書が研究者の検討に付されることを待っている。しかしその数はもはや一人の研究者の手に負える量ではなく、したがって、ファイジスが試みたように、研究プロジェクトとして資料に取り組む必要性が高まっているといいえる。

また筆者は、民衆アーカイヴの諸資料に目を通す過程で、激動のソヴィエト史を生き抜いた後、比較的生活の安定した一九六〇年代～一九八〇年代に自分の人生を振り返り、ソヴィエト史の歩みに重ね合わせながら、いわば「自分史」を記録した一般の市民や一般の知識人が少なからず存在していることに気づいた。中には、それを映画化することを強く希望して、関係者に働きかけた人物もいた。後期ソヴィエト体制下における市民や知識人による「自分史」現象＝自己表現意欲の表れの意味を考察することは、おそらくソヴィエト体制と個人の関係、ソヴィエト体制下を生きた個人の歴史意識の解明にも資するところ大であると思われる。はたして彼らは、自らの生きたソヴィエト史をどのように認識したのであろうか。

かくして、ソヴィエト体制下のライフストーリー文書は、広い射程をもつ様々な研究を切り開く多大な可能性をもった歴史資料であるといえるだろう。

＊本章は平成十九～二十一年度科学研究費補助金（基盤研究（C））による研究成果の一部である。

【注】

（1）「民衆アーカイヴ」が保有する個人フォンドの相当数はマイクロフィルム化され、専門業者を通じて市販されている。ただ、マイクロ化されたフォンドの中でも一部のファイルはその対象から除外されている。また、原本の劣化が著しいためか、マイクロフィルム化された資料の一部は不鮮明である。

（2）Jochen Hellbeck, *Revolution on My Mind : Writing a Diary under Stalin* (Cambridge, MA : Harvard University Press, 2006). ヘルベックの研究に関するより詳しい紹介は、松井康浩「スターリン体制下の個人と親密圏」『思想』九五二号（二〇〇三年八月号）を参照。

（3）Orlando Figes, *The Whisperers : Private Life in Stalin's Russia* (New York : Metropolitan Books, 2007), pp. 541-542.

（4）松井、前掲論文、及び Yasuhiro Matsui, "Soviet Diary as a Medium of Communality and Intersubjectivity : A Study of a Collective Diary," *Ab Imperio*, no. 3 (2002).

（5）本章は、日本西洋史学会第五八回大会（二〇〇八年五月）小シンポジウムⅣ「『近代の知』をめぐるせめぎあい——世紀転換期～戦間期の世代・ジェンダー・抵抗」での報告「スターリン体制下の世代・ジェンダー・抵抗——歴史家の青年期のライフストーリーをてがかりに」が元になっている。

（6）Hellbeck, *Revolution on My Mind*, pp. 65-67. 当時の民衆の世論を研究したサラ・ディヴィスは、ヘルベックの記述とは逆に、日常生活上の困難が続く中で「スペインに送られるために、我々のところに十分なパンがない」といった形で、スペインに対する物質的支援策を進めるソ連政府を批判する意見がソヴィエト市民の間で見られたことを指摘している（Sarah Davies, *Popular Opinion in Stalin's Russia : Terror, Propaganda and Dissent, 1934-1941* (Cambridge, UK : Cambridge University Press, 1997), p. 96）。しかしその事例も、ソ連の対外政策と結び付けられたスペイン表象が一般的であったことを示しており、ヘルベックの主張を裏付ける結果となる。

（7）以上の記述は、ЦМАМЛС, ф. 125 のオーピシ（目録）に記載の「序文」に依拠している。

（8）ЦМАМЛС, ф. 125, оп. 1, д. 23, лл. 51-52, 55об.-56.

（9）ЦМАМЛС, ф. 125, оп. 1, д. 34, лл. 1-2.

（10）ЦМАМЛС, ф. 125, оп. 1, д. 23, лл. 88об.-89.

（11）Lynne Attwood, *Creating the New Soviet Woman : Women's Magazines as Engineers of Female Identity, 1922-53* (Basingstoke :

Macmillan, 1999), pp. 90-91.

(12) 松井、前掲論文、及び Yasuhiro Matsui, "Youth Attitudes towards Stalin's Revolution and the Stalinist Regime, 1929-1941," *Acta Slavica Iaponica*, 18 (2001).

(13) *Маньков А. Г.* Дневники 30-х годов. СПб., 2001. С. 43, 75, 240-241, 285.

(14) Там же. С. 27.

(15) Jochen Hellbeck, "Working, Struggling, Becoming : Stalin-Era Autobiographical Texts," *The Russian Review*, 60, no. 3 (2001), pp. 347-348.

(16) Маньков. Дневники 30-х годов. С. 73.

(17) Там же, С. 30-31.

(18) Там же, С. 69.

(19) Там же, С. 59.

(20) Там же.

(21) Там же.

(22) Там же, С. 75-77.

(23) Там же, С. 112.

(24) Там же, С. 79.

第2部

ソヴィエト体制下の国家と社会

モスクワ川からみたクレムリン

第3章　権力と人民との「対話」
――初期ソヴィエト政権下における民衆の投書――

浅岡善治

はじめに

ソ連末期以降の文書公開の進展と「西側」との学問的交流の深まりの中、ロシアで新たに注目を浴びた史料の一つに、初期ソヴィエト政権下に民衆から政治当局者へと向けて発信された種々の投書がある。一般にそれらは、「指導者への手紙」あるいは「権力への手紙」などと称され、当時の民衆の「生の」声を伝えるものとして、詳細なテキスト分析を基礎とした「社会史」的・「心性史」的問題領域が開拓された。[1] こうした投書群はロシアおよび旧ソ連構成諸国各地の文書館に現存するが、その最大のコレクションは、モスクワのロシア国立経済文書館（Российский государственный архив экономики：РГАЭ）のフォンド第三九六番「『農民新聞』編集部（一九二三―一九三九年）」のものである。この初期ソ連最大の農民全国紙へと文字通り「殺到」した民衆の投書は、現存分（実際には一九三〇―一九三七年分がまるごと欠落し、年ごとにも残存度のばらつきがある）だけで目録で一一冊、ファイルで一七五七冊（関連文書を含めて二一二一冊）にも及び、実際の手紙数では数万通にのぼると見られる。研究者たちはそれぞれの問題関心のもと、このユニークな史料を多様に活用しつつも、それらを生み出した初期ソヴィエト期における民衆の投書行動の著しい活性化と、その新聞編集部への集中という事態の意味するところについて、やがて関心を向けていくことになる。

文書集の体裁をとりつつ、膨大な手紙史料の丹念な整理から初期ソヴィエトの諸事象に「社会史」的アプローチを試みた連作『人民の声』（一九九八年）・『社会と権力　一九二〇年代』（一九九八年）の責任編集者Ａ・Ｋ・ソコロフは、多分に史料論の延長としてではあるが、独自の手紙文化論を展開している。彼によれば、手紙によって権力へ直接働きかけようとする慣行は、二十世紀ロシアを特徴付ける現象の一つであり、今日までその意義は失われていない。権力との公式・非公式の文通に対する人々の熱意は、まずは過去に起源を有しており、他の意思表出経路の著しい限定性を背景として、広範な社会的気分の表出手段として機能し得た。中世以来の「賢明で公正な」最高権力に対する民衆の多分に集団幻想的な信頼は、地方的専横・不法に全ての悪を見出す思考様式と表裏の関係にあり、結果としておびただしい数の直接的訴えが中央へと殺到することになった。もちろん二十世紀における「手紙文化」の隆盛には識字や教育の普及がそれを下支えした側面も見逃せないが、一片の文書によって自らの日常的問題を解決しようとする民衆の行動には、権力的「公正」に対するいささか素朴で幼稚な信念（инфантилизм）が見受けられる。ソコロフは、ここで民衆が、出版媒体と権力当局を同一視していたことがソヴィエト的特徴の一つであるとみるが、この傾向は、そうした訴えにしばしば対応する権力側のポピュリズム的志向によっても大いに促進されていたのである(2)。

一方、『農民新聞』への投書の「社会史」的活用の先駆となる博士候補論文「一九二〇年代ロシア農民の心性研究の史料としての『農民新聞』への手紙」（一九九六年）を著したＩ・Ａ・クズネツォフは、およそ対照的な結論を提示する。彼によれば、投書への渇望そのものは発信者の社会的活動性によって規定されているが、そこでのテーマや中心的問題は周囲の現実が提供し、文面の中で現実や主観的体験がいかなる形を取るかはその「心性（менталитет）」によるという関係性が存在する。さらに突き詰めれば、大量の投書の発生には二つの潜在的志向性の深層――権力に関する観念、社会的公正に関する観念を探り当てることができる。ここでの権力観は、無限の責任と権能を有する巨大なそれが想定されていることが多いのは否めない。しかし投書という行為そのものは、しばしば口にされる心性の「全体主義性」や「奴隷根性」などといったロシア農民の「神話化された本質（мифические сущности）」とは無縁のものであり、むしろソヴィエト期における農民の意識的解放、彼らの、同時代の社会的・政治的議論への参加を志向する大衆的願望を表現したものである。(3)

さらに、「ソヴィエト史資料」シリーズの一環として史料集『権力への手紙　一九一七―一九二七年』（一九九八年）・『同　一九二八―一九三九年』（二〇〇二年）の編纂にあたったA・Ia・リフシンとI・B・オルロフは、並行して本格的な投書研究を進め、やがてその成果は『権力と社会：手紙における対話』（二〇〇二年）として結実した。同書は今のところ、初期ソヴィエト政権下における民衆の投書行動に関する最もまとまった個別研究の一つである。両著者によれば、投書などの形態による権力への直接的アピールは、社会と権力との特殊ソヴィエト的な政治関係の一形態に他ならない。市民的な意味で無定形であり、自らの意思を民主的手続きで表出しえない社会は「大いなる無言者」から「大いなる投書者」となり得る。ここでは投書は民衆にとっての政治参加の一形態（あるいは「代用物」）なのだが、権力側もそれを通じて社会の気分をモニタリングし、諸々の「下から」の警告を適時に捉え、対処することが可能となる。こうした「対話」は、もちろん対等のパートナー間のものではありえず、「無権利の虐げられた請願者」と「強力で寛大なパトロン」とのやり取りに過ぎない。その背景には、やはり中世以来の嘆願・請願の伝統が存在していたが、「反官僚主義」などのソヴィエト期に特徴的な諸言辞は、一定の「新たな幻想」をも生じさせた。投書行動の隆盛の中には、一定の市民意識・社会意識の萌芽が看取されないわけではない。しかし投書のテキスト分析が明らかにするのは、当該期の民衆の社会心理・社会意識の著しい多様性であり、その断裂性、混合性、ときには相互背反性である。かかる未定形の社会状況と、持続・更新された権力「幻想」は、体制側からの操作の格好の対象となり、やがてはスターリンの「大転換」の構成要因ともなっていく[4]。

このように先行研究は、初期ソヴィエトにおける民衆の投書行動にロシア的「伝統」、ないし多かれ少なかれそれを引きずる「幻想」を強調する立場と、民衆の主体的意見表出という側面を重視し、そこに新しい時代の社会意識と市民性の萌芽を見出す立場とに二分される（リフシンとオルロフの立場はやや折衷的だが、明らかにソコロフ寄りである）。こうした評価の分岐は、何よりもまず投書史料の性格そのものに起因している。それらの分析に携わった多くの者が認めるように、この膨大な投書群は、内容において極めて多様かつ複合的であり、逆に、その部分部分を切り取れば、およそ何でも語り得てしまうような「軟質」の性格の史料である。また、その残存度の偶然性（あるいは恣意性）が確定できないために、単純な統計的手法で一般化を図ることも難しい[5]。さらに、とにかく手紙現物のテキスト分析にこだわる研究者の姿勢にも問題がある。多くの者がこうした「下から」のアプローチに固執したため、投書の扱いをめぐる政策的側面が軽視され、それらについての特徴付けが極めて一般的・抽象的なものとなっている。こうした現代ロシアの研究者の姿勢の根幹には、文書館史料という史料形態への強いこだわりとともに、旧ソヴィエト史学の在り方との強い決別意識が存在しているが、それが最終的な歴史像の偏りに帰結するとすれば、やはり一面的とのそしりを免れないだろう。

リフシンとオルロフは、手紙史料は比較的最近注目されるようになった「非伝統的」な史料であり、ロシアでは専門的手紙研究は存在しないとするが[6]、これは研究史の整理としては不正確である。投書の問題をその重要部分に取り込んだ出版研究はロシア本国において相当な研究蓄積を有しているし、また大衆の投書そのものに関する別個の関心も早くから存在し、その史料的意義すらかなり早くから認められていた。(7) 体制転換後のロシアにおいては、これ確かに旧ソヴィエト史学の成果を直接継承するような研究成果は存在していないが、ロシア国外においては、これまた独自の研究蓄積に立脚して、新しい史料に基づいた新しい研究が一定の進展を見せている。中でも、公刊史料はもちろん、近年利用可能となった文書館史料、さらには当事者からの聞き取り調査までをも駆使したマシュー・レノーの出版・宣伝研究はその白眉をなすものであり、「啓蒙」から「動員」へというネップ下におけるボリシェヴィキ出版活動の質的転換を的確に描き出している。(8) 同書の内容において細部を除きなおも画竜点睛を欠くとすれば、政策過程面ではなく、政策理念面での今一歩の踏み込みであろう。アメリカ流のプラグマティズムは、歴史的事象の豊かな理解においてしばしば阻害要因となり得るのである。

本章は、右のような問題意識のもと、初期ソヴィエト政権下における民衆の投書行動について、政策史的観点・政策理念史的観点を加味しつつ研究史の批判的再検討を行い、よりバランスの取れた歴史的評価を下そうとするものである。こうした試みは、投書現物のテキスト分析に際しても、その史料的性格規定という根本問題に直結する、不可欠の準備的作業と思われる。

第1節　「対話」の形成

二十世紀ロシアにおける大衆の投書行動は、一九一七年十月のボリシェヴィキの権力掌握以前に既に活発化の兆候を見せていた。そこに、ソコロフが言うところの伝統的要素の存続、あるいは変革期における社会的高揚、従来抑制されてきた社会的諸要求の噴出といった「自然発生的」諸要素が存在し、それらが少なからず革命後にも持ち越されたであろうことは否定できない。しかし同時に、新政権成立後のある時期までは、大衆の投書が、後のように新聞・雑誌などの出版媒体のみに集中したわけではなかったことが注意されなければならない。当初民衆の投書は、至極当然といえば当然だが、中央・地方の各級ソヴィエトや人民委員会議（「内閣」相当）といった権力機関そのものへと向かっていた。旧ソヴィエト史学における初期投書研究は、多分に「レーニン伝説」的色彩を帯びているが、そこに最初に現われるのは、人民委員会議議長として、人民委員会議宛の投書に対処しようとするレーニンである。またここでの投書の分量も、数年後に各新聞編集部が受領することになるものに比べれば、著しく限定的であった(9)。

後に大量化した時期の投書のほとんどが、その直接の宛名はともかく、基本的に新聞を中心とした出版媒体に向けて発信されていたのは、ソコロフが言うように出版と権力とを同一視する民衆の「妄挙」でも、また他の研究者がいささか迂闊に断言したように、出版物の整備拡充による「予期せざる結果」でもなかった(10)。ネップの導入に伴う諸混乱が一定の収束を見せた一九二三年初め頃からボリシェヴィキは出版活動の整備に着手するが、同時に彼らは、それまで多分に自然発生的だった民衆の投書を出版物を通じて組織化しようと試みたのである。かくて出版物を通じて組織化された投書行動の総体は、一種の社会運動として「通信員運動（корреспондентское движение）」と称され、新政権の真剣な政策的考慮の対象となった。およそ二〇年代半ばに生ずる投書の方向転換とその爆発的増大、すなわち各新聞編集部に対する民衆の投書行動の著しい活発化は、何よりもこのようなボリシェヴィキの政策的志向との関係性において把握されなければならない(11)。

さすがにソコロフら現代の手紙研究者の多くも、通信員運動の存在そのものについて認知はしている。しかし彼らの多くは、それを権力的に「組織された」投書運動とみなし、その他の「自然発生的な」投書と区別しようとする。彼らにとってそうした「公式の」手紙群は、その内容と精神において著しく権力側に傾斜したものであり、その他の「私的な」手紙の考察に際してはもっぱら阻害要因でしかない。もちろんそれらは保管形態としては混在しているので、おそらく彼らは用語や署名などの何らかの外見的指標によって、「組織的＝公的手紙」と「自然発生的＝私的手紙」とを峻別していると思われる。[12] だが、具体的政策過程の十分な検討を欠落させた上でのこうした「機械的裁断」は、視野狭窄の危険を冒すものであり、事態の思わぬ本質を見逃すことにもなりかねない。ここでは、政策当事者側の活動理念をまずは前提とし、巨大な投書行動の総体をとりあえずは全体として把握した上で、内部の多元性（場合によっては分裂性）はその構造的問題として扱うほうがはるかに建設的であろう。

通信員運動の出発に際して当時危急の課題となっていたのは、人民大衆、とりわけ当時人口の八割以上を占め、同時に都市の権力中枢から物理的に最も隔てられているところの、末端農村の農民たちとの関係修復であった。ここで従来の出版活動の実践とともに、都市部を中心に試行されていた通信員運動の実践が注目される。各新聞は農村部の読者に広く投書を呼びかけるとともに、偶然的な発信者に積極的な働きかけを行い、彼らとの何らかの結びつきをつくり出そうとした。一九二三年十一月の農民向け全国紙『農民新聞』の創刊も、そうした複合的努力の一部に他ならなかった。[13]

出版媒体を通じての末端大衆との提携が試みられた背景には、本来地方末端でそれにあたるべき諸組織が、とりわけ農村地域においていまだ極めて弱体であったという事情が存在する。ゆえにここでの投書の機能は、こうした既存の機構《アパラート》の諸欠陥を「下から」の訴えを契機として改善する可能性をも孕むものだった。かくして現出したのは、中央と末端とが出版と投書とを通じて直結し、介在する機構に勤務する怠惰な活動家、あるいは悪辣な官僚《チノヴニク》の不法・専横行為を挟撃するという構図であり、確かにそれはロシアに伝統的なそれに酷似していた。しかし外見的類似性から、その内実における幾つかの重要な相違点を見逃してはならない。まずは、ここでの体制側の投書奨励策が、伝統的な嘆願・請願の受け付けとは基本的に異なる論理に基づいて展開されていることに注目すべきであろう。皇帝《ツァーリ》に対するロシア民衆の直接的働きかけは、それらが彼ら独自の「公正」観念に立脚して行われたにせよ、基本的には現存の客観的秩序に対する超越的作用を期待してのものであり、ゆえにそれらへの対処も、多くの場合、権力者の「慈悲」や「恩恵」という形態でなされざるを得ない。他方でボリシェヴィキの実践は、既存の政治路線や法的秩序の地方末端への未貫徹、ないし地方的「歪曲」という状況認識に基づいた、「正常化」のための施策とみなされていた。ここでは、農民の苦境は何らかの法的「権利」の侵害状態として、地方官吏の専横は「革命的合法性」の侵犯として、それぞれ遵法的に対処・処罰されることになろう。そこには、「法」と「権利」の観念は存在するが、論理上「恩恵」や「慈悲」の要素はない。

さらに、ボリシェヴィキが民衆の投書に寄せた期待は、こうした実務的レヴェルにとどまらないものだった。一九二〇年代を代表する党指導者であるとともに、党中央委員会機関紙『プラウダ』の編集主幹として新聞活動にも深く関わり、通信員運動を理論的に指導したブハーリンは、新聞を通じての投書の組織化を、既存のいかなるものとも異なる「新しい組織」の在り方と考えた。投書という形での民衆の意見表出は、例えそれが私的訴願であっても原初的社会意識の萌芽であり、「ソヴィエト的社会活動」への一歩である。党は出版活動を通じて、既存の諸組織をもっては捕捉できないそれらの社会的萌芽を捉え、その一層の涵養と発現とを目指さなければならない。従来の組織（それは一定の加入条件と内部規律を備えている）がソ連体制の骨格を形成するものだとすれば、それらに比べて参加がはるかに容易なこの「新しい組織」は、前者と民衆との間の空隙を埋め、架橋すべきものであるが、

8 КРЕСТЬЯНСКАЯ ГАЗЕТА № 80

Толкай газету в деревню!

Знай каждый крестьянин:

благополучие личного твоего хозяйства и твоего села и деревни

зависит от письма,

своевременно посланного в редакцию

„Крестьянской Газеты"

Москва, Воздвиженка, 9.

ОБОПРИСЬ на ГАЗЕТУ!

(Ход деревенских писем)

За первую неделю июня „Крестьянская Газета" получили 7174 крестьянских письма. Из них передано в центральные Наркоматы и учреждения на исполнение просьб и расследования 4290 писем:

В Наркомвнудел	962	В Наркомпрос	184
В Наркомзем	613	В Цен. Ком. Взаим.	238
В Наркомфин	514	В Наркомздрав	163

и в прочие центральные Наркоматы и учреждения Москвы 1621 письмо. В Наркоматы Украины, Белорусс., Закавк. и автономных республик и губернские центры—934 письма.

За это же время напечатано и дано ответов на 7770 крестьянских вопросов.

ЧТО МОЖЕТ СДЕЛАТЬ ПИСЬМО, ПРИСЛАННОЕ в „КРЕСТЬЯНСКУЮ ГАЗЕТУ"?

Тысячи деревенских писем, прошедшие через „Крестьянскую Газету" и напечатанные в ней, СПОСОБСТВОВАЛИ снижению единого сельско-хозяйственного налога, а стало-быть и улучшили положение каждого крестьянского двора.

ПОЧЕМУ ЭТО ПРОИЗОШЛО?

Письма о вопиющей крестьянской нужде, всякая дельная и обоснованная крестьянская жалоба — идут через „Крестьянскую Газету" в руки народных комиссаров или в Центральный Комитет Российской Коммунистической Партии, или во ВЦИК М. И. Калинину.

Владимир Ильич Ленин первый открыл крестьянскому письму дорогу в центр.

Товарищи Владимира Ильича, стоящие сейчас во главе Коммунистической Партии и рабоче-крестьянского советского государства, неуклонно продолжают углублять великое дело Ленина—ближе к крестьянству!

„Крестьянская Газета" была создана по завету Ленина, призывавшего массы к грамотности, самодеятельности и культуре.

ПОЭТОМУ

КАЖДЫЙ КРЕСТЬЯНИН,

умеющий читать и писать,

должен поставить нравственной и боевой своей задачей широкое внедрение в трудовые крестьянские массы своей „КРЕСТЬЯНСКОЙ ГАЗЕТЫ".

Где нет газеты, там нет и света!

Это видно из новых сотен и тысяч деревенских писем. Сотни глухих деревень *узнали закон и научились бороться с произволом* местных „начальников" только тогда, *когда стали подписчиками „Крестьянской Газеты"*.

Под влиянием „Крестьянской Газеты" во многих захолустных углах открыты и пущены в ход *школы и избы-читальни*.

Это значит, что крестьянин и крестьянка, ставшие подписчиками „Крестьянской Газеты", пробудили и воспитали в себе и в своих товарищах-односельчанах интерес к общественному делу.

Ставшие ближе к центру, они переродились политически, *отказались* от прежней бессмысленной, бесполезной, беспомощной, вредящей хозяйству и самой жизни темноты.

Не быть подписчиком на „Крестьянскую Газету" может только тот, **кому полезна и выгодна темнота.**

Враг темноты должен стать **другом** и самым энергичным **распространителем и толкачом „Крестьянской Газеты".**

Если ты очень бедный крестьянин и тебе не под силу выписать газету одному, соединись с другими, сделай складчину, но газету выпиши обязательно. Не выпишешь—сделаешь большую хозяйственную ошибку!

農民の手紙を読む指導者たち（1925年6月の『農民新聞』の紙面より）

左から，農業銀行総裁シェフヂェール，農業人民委員スミルノーフ，ソ連邦中央執行委員会議長カリーニン（「国家元首」相当），人民委員会議議長ルィコフ（「首相」相当），司法人民委員クルスキー。作業机で熱心に投書を閲読する彼らは，慈悲深い権力者としてではなく，真摯で誠実ではあるが，同時に実務性をも漂わせる等身大の人間として描かれており，その下では新聞への投書の意義と成果が切々と説かれる。「新聞を農村へ！（Толкай газету в деревню！）という冒頭の大見出しは，新聞の農村への普及とそこへの投書の喚起が，相互に密接に結び付いた複合的課題として，すぐれて一体的に追求されたことを物語っている（Крестьянская газета. 23. 06. 1925）。

同時にそれらは、訴願や提言といった形で民衆の「下から」の働きかけをも媒介するがゆえに、民衆から隔絶した機構体として多かれ少なかれ官僚主義的硬直性を示しがちな既存の諸組織の諸病理を解決する可能性をも生むだろう。ときに彼はここから、民衆の社会的活動性の全面的開花の到達点としての国家的要素の社会的普遍への解消、いわゆる「国家の死滅」へと至るはるかな道筋までも展望して見せたのである。この意味で通信員運動は、出版と投書を通じての新たな「ソヴィエト市民」の創出という、壮大な大衆啓蒙プロジェクトでもあった(14)。

こうした理念的要素をも確認した上で、当時における通信員運動の政策的評価を試みるとすれば、短期的にはそれは、かの遠大な展望にもかかわらず、著しく民衆寄り、とりわけ農民寄りの実践であったことは否定しがたい。それは、ネップの本格展開とともに明確化する親農民的諸政策の最右翼を形成するものであった。ここでプロレタリアートの党を自認するボリシェヴィキは、「労農同盟」の理念の下、「同盟者」たる農民に関係修復を申し入れたのであり、出版活動と通信員運動は農民への到達と関係形成、そしてまずは、そこから体制へのヴェクトルを媒介する機能を担わされたのであった。それらをもとにボリシェヴィキは、なすべきこと、可能なこと、あるいは許容できることを実行に移した。次節で見るように、その対応は一般に真摯なものであった。農民の疑問や法的照会には回答が与えられた。投書による告発に基づいて、地方末端における官吏の横暴や不法行為が処罰された。やがてそれは、農民の要望に基づく新規の諸立法や、農業税の引き下げにまで行き着くだろう。またその投書行動に「社会的活動性」を認められた発信者たちには、編集現場や諸官庁への抜擢登用、あるいは高等教育機関への就学の機会が開かれた(15)。

積極的かつ恒常的な投書にあたった当時の狭義の「通信員」たちの中には、確かに「革命的言辞」を多用する体制寄りの面々が多数含まれていた。しかし他方で、当時「先進的農民」、「文化的経営者」などと称されたところの、識字力を備え、自らの経営の発展に強い関心を抱く農民層の積極的な関与も見逃せない。彼らは、一片の手紙を書き送ることが、単に自らの農民的利害の表出にとどまらず、場合によっては「社会的上昇」のチャンスまでをも切り開くことを理解し、各紙の最も積極的な農村通信員《セリコル》として登場したのである。民衆の投書行動の総体としての通信員運動の圧倒的部分は、何らかの客観的必要に促されて偶然的に手紙を書き送った「普通の人々」によって構成されていたが、内容の「農民性」という観点からすれば、一般の農民の投書の趣旨も、「通信員」を自称するこれら積極分子《アクチーフ》のそれと必ずしも鋭く乖離していたわけではない。いわば当時「通信員運動」と称された民衆の投書行動の巨大な総体は、上から下まで雑多な状況だったのであって、投書の積極性のみによって明確な区分線を引くことはできないのである。何よりその雑多さこそが、当該期の農村社会の実状でもあったのだ[16]。

いずれにせよ、出版と投書を通じたボリシェヴィキの農民に対する新しいアプローチは少なからぬ成功を収めた。農村への出版物の普及は急速に進み、それに比例して来着する手紙の数も激増した[17]。運動の反面を形成するはずの体制からの農民へのヴェクトルの媒介、運動を通じての民衆の啓蒙教化や社会性の涵養の側面はひとまずは後景に退いていたが、農民との「話し合い」の場はともかくも確保されたのである。

第2節　「対話」の成果——投書はいかに活用されたか——

地方末端から来着する投書の扱いに際して、出版現場でもっとも本来的と考えられたのは、その掲載ないし紙面への反映であった。そして投書の内容が何らかの公的対応を要求するものだったとすれば、関係当局者は、まずは発行された新聞の記事に対応する形での活動を求められた[18]。つまりソヴィエト・ロシアにおいても、他所と同様のジャーナリズムと権力機関との関係が、少なくとも原初的には想定されていたのである。しかし、多くが当事者の自主性に依存するこうしたやり方は、やはりさほど成果があがらなかった。他方で問題をさらに切迫させたのは、急速に増大する投書数に比するところの、新聞紙面の著しい限定性である。[19]一九二五年の『農民新聞』の投書受領確認文には、次なる一節が見える。

「農民新聞」は大きくありません。**廉価かつ平易**でなければならないという事情から、**その拡張は不可能です。**よって新聞には、毎日連邦の各地から届く**千通もの農民の手紙のきわめてわずかの部分**しか収められないでいますが、**農民の手紙は、一通たりともくずかごに投じられることはありません。七五パーセントは中央の諸機関を通じて調査され、**調査を必要としない手紙は、**農民の実情調査の最も重要な資料として、文書庫できちんと保管されます。**[20]

こうして「一通の手紙も無駄にしない」というスローガンのもと、個々の投書について、従来の「掲載」に加えて、「回送・調査」および「整理・保管」という二つのサブルートが形成されていく。その判定は、主に受領時の最初の閲読で行われ、受領確認の返信を行う段階で発信者にその行き先を伝えることがやがて慣例化した。一九二六年末の段階での『農民新聞』の記述によれば、全ての手紙のうち二〇パーセント程度が調査や資料的活用のために中央の諸機関へと回送され、約一五パーセントが調査のために地方機関へ、六パーセントが法的回答を与えるために付属の法律相談所へ、五パーセントが商取引的照会へと回され、残余（ここでの記述に従えば半数強）が編集部レヴェルでの保管に該当したという。[21]

「回送・調査」に関しては、当初は編集部の対応も偶然的であり、回送先でも迅速な対応は期待できなかった。一九二四月五月の第一三回党大会は、投書の内容の切実さに鑑み、「大衆的農民紙にとっての不可欠の資質」として、農民の手紙への「注意深い対処」を命じたが、この権威ある場での決定は一つの転機となったらしい。(22)各編集部では投書の扱いに関する手続きが定式化され始め、各官庁には諸紙から回送される投書を専門に扱う部署が設置されていく。『農民新聞』では、一九二四年四月には調査に回される手紙は一パーセント以下であったが、翌年八月には六一パーセントまで増大し、当初一日に一つ程度だった諸官庁からの回答も、日に二〇〇を超えるまでになったと言われる。同紙では、調査結果を再び編集部を通じて発信者へと報告し、最終的に全てのやり取りは付属の「業績文書庫」に地域ごとに整理して収めるという手続きが早々と確立した。(23)

掲載に該当せず、早急な対応も必要ではないと判断された手紙の多くは「整理・保管」に回された。しかし「文書庫行き（В АРХИВУ）」という表現が連想させるような「死蔵」イメージは、ここでは必ずしも当たらなかったようである。『農民新聞』の文書庫では、投書は今一度内容を確認された上で、「租税」や「土地整理」、「地方権力」などといった問題別に整理され、さらに発信地域ごと、年度ごとに分類保管された。こうして同紙の受け取る圧倒的な数の投書群は、全連邦ないし各県の農民の「一般的意見」を伝える一種のデータベースとして、農業税の確定やソヴィエト選挙の準備活動などに際し、関係当局者によって政策立案に大いに活用されたのである。時期ごと、地域ごと、問題ごとに仕分けされて保管されている現存の手紙史料にも、当時のこうした整理・保管作業の名残が見て取れる。(24)

こうした保管文書の活用とは別個に、投書の内容を総括するものとして、各編集部レヴェルで受領した全ての手紙についての集計・分析作業が行われていた。内容や体裁によって「精選（подборка）」、「総括報告（сводка）」、

「概観（обзор）」などと区別されるこれらの文書の作成を当時最も積極的かつ体系的に実践していたのは、やはり件の全国紙『農民新聞』であった。同編集部のカメンスキーによれば、一九二五年十月から一九二六年十一月までの一年間に一二の「概観」と個別問題に関する一〇の「総括報告」が作成され、定期的なものでは、農村の階層分化、農民の政治的気分、農村における党活動、土地整理、協同組合、農業信用、農民相互扶助委員会の活動、末端機構、農村における裁判・法・文化活動などのテーマが、臨時的なものでは、第一四回党大会、一九二六—一九二七年度の農業税法の改正と履行状況、村ソヴィエト改選、復員兵の活動と気分、党中央委員会七月総会、農村における土地賃貸と賃労働雇用、匿名の投書の性格などが扱われたという[25]。

現在『農民新聞』編集部フォンドに収蔵されている手紙の現物が前述の「保管」の成果だとすれば、諸官庁や党中央委員会のフォンドに残る報告文書はこうした「分析」の成果である。同文書の残存度も著しく限定的かつ偶然的ではあるが、カメンスキーが言及したものも幾つか現存している[26]。それらは党や国家の最高指導者に直接宛てて作成されており、末端大衆の投書の内容が当時の政策立案の最中枢にまで到達する経路が確立されていたことを実証するものである。その意味では、当時のボリシェヴィキが投書喚起のためにアピールした内容は、かなりの程度現実的な根拠を有していたと言えよう。

これらの報告文書は、当時の出版活動家たちの手によって加工されてはいるが、やはり広義の手紙史料として扱い得るし、現にそのようなものとして研究者によって活用されている。しかし、これらに対して現代の研究者が行う史料的性格規定は、我々がこれまで見てきたものとは大きく異なっている。例えば、ソヴィエト期の「政治的統制」に関する近年の研究は、こうした出版現場における投書の集計・分析作業をボリシェヴィキによる情報活動の一環と見て、もっぱらソヴィエト体制の「影」の部分を構成するものとして描き出す。『体制の目と耳——一九一八―一九二八年におけるソヴィエト・ロシア住民に対する国家的政治統制』（一九九五年）を著したＶ・Ｓ・イズモジクによれば、それらは、ネップ下に形成途上にあったところの、あらゆる住民層を監視し、その「気分」を察知、適宜統制するためのソヴィエト情報活動の一部分に他ならない。党機関・軍政治機関・政治警察を三本柱とし、全ての情報が党中央に集中する形をとるこの巨大な情報収集・分析システムにおいて、最も包括的かつ広範な活動を行っていたのはソヴィエト権力の「目、耳、鉄の手」を自認する政治警察内の特務部門「政治統制部」であったが、同機関もまた、その活動の成果を「総括報告」や「概観」の形式で党中央へと提出していた。こうした文脈の中では、本来「一通の手紙も無駄にしない」ための積極的施策として開始され、その実践が読者にアピールさえされていた出版現場における手紙の集計・分析作業も、特務機関が独自のスパイ網や不法な私信検閲活動によって編纂したものと同類の、民衆を監視するための政治的極秘文書の色彩をもって現れてくる(27)。

現代の手紙研究者の議論もまた、こうした研究動向に棹差している。ソコロフによれば、投書に一定の対応が試みられた形跡は確かに認められるが、実際の流入量から見て、現場の処理能力を超えていたのは確実である。ゆえに対応はしばしば形式的、あるいは選択的・偶然的な性格を帯びざるを得なかったのだが、表面上その成果は、宣伝目的で大いに誇張されて扱われた。同様に、手紙の掲載にあたっても、入念な選別と、場合によっては原形をとどめないほどの徹底的な改変が行われた。ソコロフはこれを一種の「世論の偽造」と捉えるが、ここで彼が指弾するのは、当時の『農民新聞』の編集主幹ヤコヴレフである。全連邦コルホーズ会議の議長をも兼任し、後には新設の全連邦農業人民委員部の長にまでのぼり詰めるこの人物によって、「都合の良い」手紙の恣意的選別による農村の急激な社会主義的改造の必要性が根拠付けられ、他方で現在の体制にとって望ましい革命的「記憶」の収集と組織化が行われたのである(28)。

ここでのソコロフの議論は、自らが身をもって経験し、今や否定的眼差しを向けることになった過去の体制に対する拒絶と糾弾の性格を帯びている。しかし、既に指摘したとおり、彼の政策面での議論は、もっぱら手紙現物のテキスト分析に基づく、現象過程からの推論に基づいており、そこには彼のアプリオリなソヴィエト体制観が無意識のうちに混入している。ソコロフが糾弾するヤコヴレフは、一九二九年以降、農業政策の責任者として「全面的集団化」を主導するヤコヴレフであり、出版活動の責任者として対農民関係の修復の最前線に立ち、農村の実情にも通暁した一九二〇年代半ばまでのヤコヴレフではない。ここでも前者のイメージが、具体的検証抜きで後者に遡及的に投影されているのである。

さらにここで指摘すべきは、現代の手紙研究者の権力批判の辛らつさ、および権力起源の諸史料に対する極度の警戒と対照をなすところの、民衆起源の史料、とりわけ彼らが発信する手紙に対するいささかナイーヴな姿勢である。通信員運動の権力的組織性、あるいは個々の投書に対する編集現場での恣意的扱いに大いに警鐘を鳴らしつつソコロフは、「編集者の手によって歪められていない手紙」、あるいは「自然にやって来た郵便物」こそが重要であり、それらのみが真に「大衆的な（массовый）」史料だと説く。しかし既に見たとおり、当該期の投書には、その内容においてどれほど切実さと大衆性が感じられようとも、それが新聞紙上での広範な投書の呼びかけに応ずる形で新聞編集部に向けて投じられた以上、すでに一定の組織性が付随しており、ときとしてそれが内容的なバイアスとして文面に影響するのは避けられない。確かに、ほとんどが手稿で構成され、書字的・文法的誤りも少なくないこれら投書の読解と分析には、想像を絶する労力が必要とされる。しかし分析と解釈に際して、それらの手紙を本来的に生じさせた「力学的」背景が十全に考慮されなければ、より的確な史料評価は困難であろう。そこから民衆の「意識」や「心性」を論じようとするならば、なおさらのことである。

初期ソヴィエト、少なくとも一九二〇年代半ばのソヴィエトの出版活動は、現代の研究者があれこれ邪推する以上に総じてかなりまともである。例えば、当時ボリシェヴィキが公表した大衆の投書に関する「活動成果」について見れば、それらは、ソコロフの言うように誇張されたにしては一般に控えめな数値にとどまっており、かなり現実的な印象を与えるものである。(29) また投書の分析作業についても、各編集部から党中央へと提出された当時の「精選」を詳しく見れば、単に未掲載のものだけでなく、新聞に実際に掲載された手紙や、ときには新聞記事そのものの切り抜きまでもが混じっていることがわかる。(30) これは、現代の研究者がいささか時期尚早に指摘する、当該期における投書掲載の恣意性や情報関連活動の秘密主義の反証たり得るだろう。三〇年代において明確化する出版活動の二面性、すなわち宣伝的側面における情緒的操作性、及びその裏面としての極度の秘密主義は、二〇年代においてはいまだ全面開花してはいなかったのである。

こうした当該期のボリシェヴィキの姿勢は、人民大衆との再提携という一般的政策課題のもとで、常に彼らが出版物を介して向こう側に位置する読者――多くの場合は農民たち――を意識せざるを得なかったという単純な事実によるところが大きい。内戦期の過酷な農村政策の記憶は未だ鮮明であり、当時の農民たちは、おそらく現代の研究者以上にソヴィエト権力に対して懐疑的な姿勢を示していたに相違ない。ここでボリシェヴィキは、農民に対して「正攻法」で当たり、真っ当なやり方で彼らの理解を求めようとした。同時に、ネップ下の「鉄の」市場原理も大きく影響していた。まず出版物が農民へと到達するためには、彼らに出版物を購入してもらわねばならず、そのためには、親しみやすく、実効性の明らかな紙面作りに励まねばならなかったのである。投書の受け付けと対処、あるいはその掲載すらも、本来的にはこうした農民の理解獲得努力の一部を形成しており、投書への不誠実な対応や掲載に際しての恣意的な改変が読者の不興を招き、結果として自紙の信頼喪失につながり得ることを現場の編集者たちは熟知していた[31]。

一九二〇年代半ばまでに、投書数の増大と並行して、農村地域への出版物の普及も著しく進んだことは、こうしたボリシェヴィキの意識的実践を農民側が評価し、一定の対価を支払ってでも出版物を手に取るようになったことを意味している。ここに存在するのは、古色蒼然たるパターナリズムの継承（あるいはその再生産）でも、二十世紀的な「操作」と「幻惑」でもなく、むしろ「説得」と「合意」のストレートな対応関係であろう。

おわりに――「対話」の行方――

本章が再検討の対象としてきた、一九二〇年代半ばのソ連邦に現出する権力と民衆との、出版と投書を媒介としたかなりの程度「健全な」相互関係は、後期ネップ一九二六―一九二七年の過程において微妙に変化し始める。ここで権力側は、工業化を初めとする新たな政策課題の明確な意識のもと、出版と投書という同じ道具立てをもって、従来とは逆のヴェクトル、すなわち民衆に対する体制的はたらきかけを追求し始める。こうしたボリシェヴィキの「攻勢」に民衆内に一定の不満の兆候が現われるが、「対話」のシステムそのものはなおも機能し続けていた。それが最終的な破綻を迎えるのは、一九二七年末の「穀物調達危機」に端を発し、いわゆる「非常措置」の導入と反復、やがては「全面的集団化」へと至る、対農民関係の全般的危機の状況下においてである。この過程で党内政治の主導権を握ったスターリン派は、農民的な不満のあらゆる表現を「富農《クラーク》の声」と強弁して拒絶し、危機の強行突破を図る。こうして体制側が「民衆」の大多数を占める農民の「下から」の働きかけを権力的に拒絶する姿勢を明確化したことで、出版と投書を通じた従来の「対話」のシステムはいよいよ維持が困難になった。一定の双方向性を持つ民衆との相互関係はなおもソヴィエト政権にとって必要であったが、すでに権力的強制が根幹を規定するに至っていた両者のそれを、従来のような「説得」と「合意」の原理によって再構築することは極めて困難だった。ここにおいて、失われたこれらの原理に代わって両者の間に導入されていくのが二十世紀的な「宣伝」と「操作」の要素である。なおも残る不具合を糊塗するのは、従来とは比べ物にならないほどの極度の秘密主義であった[32]。

こうした権力と民衆との相互関係の質的転換に際して、かつてのツァーリ的伝統が、やや異なった文脈で再生する余地が生じたように思われる。今や伝説の中のレーニンだけでなく、スターリンをはじめとする現実の支配者たちも、幾分イデオロギー的な色彩を違えてではあるが、かつての聖帝、聖者のごとき慈悲深い権力者として民衆の前に登場する。すなわちソヴィエト政権は、自らが長らく批判的な眼差しを向けてきたかかる「旧き」要素を、自らの「新しき」目的のために便宜的に活用したのであった。この意味で、その後のソヴィエト体制の持続的構成要素となっていく権力と民衆との新しい相互関係は、「旧きもの」と「新しきもの」の複雑な混成物の性格を有していたのである。

いち早く二〇年代の投書史料の意義を認めてその整理・分析にあたり、ソコロフの協力者でもあったV・V・カバーノフは、自らの史料論においてソヴィエト期の大衆の投書に一章を割き、それに「ちっぽけな人間の手紙（新聞関連の郵便物）」なる表題を付した。彼によれば、従来の研究史においてしばしば「勤労者の手紙（письма трудящихся）」と呼ばれてきたこれら投書史料は、個々の権力の代表者という形で擬人化されてはいても、匿名の権力表象に宛てられた「『ちっぽけな人間』の手紙（письма «маленького человека»）」と名付けるほうがはるかに適正である。なぜならばそれらは、ソヴィエト社会における無権利な個人、原理的に非市民的な社会の「擬似市民

（псевдогражданин）」の営為に他ならないからである。[33]

ここでカバーノフがイメージしているのは、強大な権力に対してささやかな働きかけを試みる「ちっぽけな」人民の姿であり、それはロシア的な嘆願の伝統を引きずっている。しかし、三〇年代以降一般化するこうした状況は、旧きロシアからの直接の継承物ではなく、二〇年代における、まさに同じ投書を通じての新たな「ソヴィエト的社会性《オブシチェストヴェンノスチ》」、「ソヴィエト的市民性《グラジダンストヴェンノスチ》」の希求の挫折の先に再生したものであった（おそらくクズネツォフは、二〇年代の実践のこうした側面を現象形態から正しく捉えていたと思われる）。そして挫折した短い実践もまた「過去」の一部を形成したのであって、その構成要素の幾つかは、例え伝説的な形でも残った。その意味では二〇年代の実践は、「嘆願」と「慈悲」のロシア的伝統に一定の変動要因を持ち込んだとも言えるだろう。やがて「大祖国戦争」、フルシチョフ改革、ペレストロイカといったソヴィエト史の諸画期において、理念的要素の再生の雰囲気の中で民衆からの投書が新たな活況を呈するのは、おそらく偶然ではないのである。

＊本論文は、平成二十〜二十二年度科学研究費補助金（若手研究（B））「初期ソヴィエト出版政策史研究」による研究成果の一部である。

［注］

（1）代表的なものとして、*Романовский В.К.* Письма рабочих как источник для изучения социального облика рабочего класса 20-х гг. // Вспомогательные исторические дисциплины. 1990. Т.XXI; *Миронова Т.П.* НЭП и крестьянство (Социально-психологический аспект) // НЭП в контексте исторического развития России XX века. М., 2001; *Коз-*

лова Н.Н. Горизонты повседневности советской эпохи. Голос из хора. М., 1996 ; *Кудюкина М.* «Мужик вам наплюет на вашу политику...» : Отношение крестьян к власти во второй половине 20-х годов // Россия XXI. №3. 1997 ; *Ибрагимова Д.Х.* НЭП и перестройка. Массовое сознание сельского населения в условиях перехода к рынку. М., 1997 ; Голос народа—Письма и отклики рядовых советских граждан о событиях 1918-1932 гг., М., 1998 ; Общество и власть. 1930-е годы. Повествование в документах. М., 1998 ; Письма во власть. 1917-1927 ——Заявление, жалобы, доносы, письма в государственные структуры и большевистским вождям, М., 1998 ; *Соколов А.К.* «Создадим единый фронт борьбы против НЭПа» (Анализ общественных настроений конца 20-х годов по письмам и откликам рядовых советских граждан) // НЭП : Завершающая стадия. Соотношение экономики и политики. М., 1998 ; Крестьянская история. Российская деревня 20-х годов в письмах в документах. М., 2001.

（2）Голос народа. С. 5-8 ; Общество и власть. С. 6-10 ; Источниковедение новейшей истории россии : Теория, методология и практика. М., 2004. С. 327-329.

（3）*Кузнецов И.А.* Письма в «Крестьянскую газету» как источник для изучения менталитета российского крестьянства 1920-х годов. Диссертация кандидата исторических наук. МГУ. 1996. С. 173-174.

（4）*Лившин А. Я., Орлов И. Б.* Власть и общество : Диалог в письмах. М., 2002. С. 28, 87, 99, 103, 151, 168, 251.

（5）クズネツォフの推計によれば、現存しているのは、一九二〇年代に『農民新聞』が受領した投書総数の五パーセント弱にすぎない（*Кузнецов.* Письма в «Крестьянскую газету». С. 90）。

（6）*Лившин, Орлов,* Власть и общество. С. 10.

（7）投書の問題は、その現象としての「大衆性」ゆえ、早くから広範な学問的関心の対象となってきた。社会学やジャーナリズムなど、他領域での研究も含めた問題整理として、*Бодиско В.Х.* Дневник и письма // Профессионализм историка и идеологическая конъюнктура. Проблемы источниковедения советской истории. М., 1994. なお管見の限り、現存の『農民新聞』関連の手紙史料を本格活用した最初の学術的著作は、実に一九五九年の博士候補論文である（*Панков Г.И.* Роль «Бедноты» и «Крестьянской газеты» в борьбе за претворение в жизнь политики коммунистической партии и Советского правительства в восстановительный период (1921-1925). Диссертация кандидата исторических наук. Ростов-на-Дону. 1959）。

（8）Matthew Lenoe, *Closer to the Masses : Stalinist Culture, Social Revolution, and Soviet Newspapers* (Cambridge : Harvard University Press, 2004). 本著の原型となった学位論文は、M. Lenoe, "Stalinist Mass Journalism and the Transformation of Soviet

Newspapers, 1926-1932", 2 vols. (PhD. Diss., University of Chicago, 1997).

（9）*Соболев Г.Л.* Письма в петроградский совет рабочих и солдатских депутатов как источник для изучения общественной психологии в России в 1917 г. // Вспомогательные исторические дисциплины. 1968. Ⅰ；*Рощепкина Е.Н.* О работе с письмами граждан в первые годы Советской власти (1917-1924 гг.) // Советские архивы. 1979. № 6. 人民委員会議においては、レーニンのイニシャティヴで投書受付に関する態勢が整えられたが、その来着数は一九二〇年代初頭で年間一万通程度だったという（*Рощепкина.* О работе с письмами граждан. С. 23）。

（10）後者は次の史料紹介における、V・V・カバーノフとT・P・ミローノワによる序文での評言である：«Социализм - это рай на земле» (Крестянские представления о социализме в письмах 20-х годов) // Неизвестная Россия XX век. Ⅲ. М., 1993. С. 200.

（11）一九二〇年代半ばにおける農村通信員運動の形成については、拙稿「ネップ期ソ連邦における農村通信員運動の形成──『貧農』『農民新聞』の二大農民全国紙を中心に」『西洋史研究』新輯第二六号（一九九七年）。

（12）Голос народа.С. 10-11；*Соколов.* «Создадим единый фронт борьбы против НЭПа». С. 115-116；Источниковедение новейшей истории россии. С. 331.

（13）前掲拙稿、一〇六～一一〇頁。

（14）*Бухарин Н. И.* О рабкоре и селькоре：Статьи и речи. М., 1926. С. 22-40, 74-77. 詳細は、拙稿「ブハーリンの通信員運動構想──『プロレタリアート独裁』下における大衆の自発的社会組織」『思想』No. 917（二〇〇〇年十一月）。

（15）拙稿「ネップ期ソ連邦における農村通信員運動の形成」一一五～一二三頁。『農民新聞』編集部フォンドの目録第九番（РГАЭ. ф.396. оп.9）は、アルファベット順に整理された同紙の活動的通信員たちの個人文書集であり、投書を端緒とした彼らの「社会的上昇」の諸事例を豊富に記録している。

（16）「先進的農民」の積極的関与は、農村地域における通信員運動のパイオニアである全国紙『貧農』の事例において顕著である。同紙の運動は規模的には『農民新聞』のそれに早々と追い越されるが、こうした「先進的農民」の継続的関与により、ネップ期を通じて一定の存在感を示し続ける（拙稿「ネップ期ソ連邦における農村通信員運動の形成」九九～一一五、一一九～一二五頁）。

（17）『農民新聞』編集部の集計によれば、創刊から最初の一年間で受領した手紙数は約一〇万通であったが、翌一九二五年には二六万八二〇〇通に達した（Крестьянская газета. 17. 11. 1925）。

（18）例えば、党・国家の統制機関としての中央統制委員会・労農監督人民委員部について、Рабоче-крестьянский корреспондент. 1925. №3. С. 22.

（19）創刊翌年の一九二四年の段階で、『農民新聞』における手紙の掲載率はわずか四パーセントであったと言われ、まもなくそれはさらに低下した（РГАЛИ. ф.2503. оп.1. д.98. лл.8-9）。クズネツォフは、当時言及された「掲載率」には部分的・断片的利用も含まれており、一九二四—二五年段階で厳密には〇・二—〇・三パーセント程度だったとみる（*Кузнецов.* Письма в «Крестьянскую газету». С. 81）。

（20）РГАЛИ. ф. 2503. оп. 1. д. 529. л. 59. 太字強調は原文のもの。

（21）Красная печать. 1926. № 23–24. С. 93.

（22）Тринадцатый съезд РКП(б). Стенографический отчет. М., 1963. С. 650.

（23）Селькор. 1925. № 4. С. 8–9.

（24）Селькор. 1925. № 8. С. 6–7.

（25）Красная печать. 1926. № 23–24. С. 93–94.

（26）例えば、土地賃貸に関する農民の手紙の概要（Российский государственный архив социально-политической истории：РГАСПИ. ф. 17. оп. 85. д. 19. лл. 231–270）、単一農業税に関する農民の手紙の概要（РГАСПИ. ф. 17. оп. 85. д. 19. лл. 304–330）。

（27）*Измозик В.С.* Глаза и уши режима. Государственный политический контроль за населением Советской России в 1918–1928 годах. Санкт-Петербург. 1995. С. 87–89, 100–102；*Он же.* Политический контроль в Советской России. 1918–1928 годы // Вопросы Истории. 1997. № 7. С. 40–41.

（28）Голос народа. С. 8–9.

（29）例えば、一九二六年上半期の検事局資料によれば、調査に回された投書の未確認率は平均で三七・三パーセントであり、一般に地方ほど高まる傾向（例えば、プスコフ県で五二パーセント、トゥーラ県で六〇・六パーセント、スモレンスク県で七一・四パーセント）を示した。こうした数値は、何よりも各地の捜査担当者の活動性を反映しているものと見られる（Рабоче-крестьянский корреспондент. 1926. № 22. С. 31）。

（30）例えば、РГАСПИ. ф.17. оп. 85. д. 281. лл. 111, 119（『農民新聞』の事例）；РГАСПИ. ф. 17. оп. 85. д. 19. лл. 103–105, 131–132（『貧農』の事例）。

（31）Крестьянский корреспондент：Его роль, его работа. Издание второе. Дополнение. М., 1925. С. 4.

（32）こうした二〇年代末を画期するソヴィエト出版活動・通信員運動の転換過程については、拙稿「ボリシェヴィズムと『出版の自由』——初期ソヴィエト出版政策の諸相」『思想』No. 952（二〇〇三年八月）、四九～五一頁。

（33） *Кабанов В.В.* Источниковедение истории советского общества. Курс лекций. М., 1997. С. 234.

第4章　ソ連における検閲

寺山恭輔

はじめに

プーチン時代以降のロシアにおける言論空間は、最も影響力のあると思われるテレビ局の多くが政府のコントロール下に置かれ、世論誘導に大きな役割を果たしているということについては、それに対してロシア国民がどのように評価するかは別として、大方の論者に異論はないであろう。新聞や雑誌については、テレビに比してのその影響力の小ささからソ連時代のような統制はなされていないのかもしれない。現在進行中の情報統制については推測するしかないが、テレビを含めてあらゆるメディアが隅々までコントロールされていたソ連時代の実態については、ソ連崩壊後のアルヒーフ（文書館）史料の公開で徐々に明らかになってきた。筆者はこの問題についてこれまで専門的に研究してきたわけではないが、主として文字史料に依拠して歴史叙述を行う以上、ソ連時代に刊行されていた文献や新聞雑誌その他の史料と、長年一般に非公開とされてきたアルヒーフ史料の間に横たわる差異は一体何か、どのような基準に基づいて公開される史料と公開されない史料が生まれたのかといった問題については関心を抱いてきた。もちろんソ連時代に公開されていた史料も重要であるが、ソ連崩壊後に新たに公開された膨大な史料抜きに新たな歴史像を描くことは困難であろう。しかし史料の公開、非公開といった基準も問題をあまりに狭く取っているといえるだろう。ソ連における言論統制は、国民生活のあらゆる分野の隅々まで網羅していたからである。

印刷物のみならず、絵画、彫像などの造形物、舞台演劇、オペラ、歌謡、ダンス、サーカス、レコード、ラジオ、映画、テレビなどあらゆる情報伝達、表現の媒体に対して行われていた広義の情報統制として、ソ連時代の検閲をとらえる必要がある。印刷物には新聞、雑誌、書籍、その装丁、地図、葉書、ポスター、広告、切手やさらに文房具やマッチ箱にいたるありとあらゆる表現手段が含まれる。ソ連共産党（その形成前はロシア共産党）が中心となって、一九一七年の革命直後から構築したその統制システムは一九九一年のソ連崩壊まで存続した。程度の差はあれ、帝政時代から検閲制度が存在し、現代のロシアでもそれとは無縁ではないとすれば、ロシア社会を考慮する際には避けて通れないテーマであるともいえよう。

ソ連国内における従属関係を簡略化すれば、情報や表現の生産者（作家、記者、編集者、脚本家、映画監督、音楽家等）→グラヴリト（文書・出版問題総局。検閲組織の通称として本章でも用いる）→秘密警察（オゲペウ［OGPU］やカゲベ［KGB］など）→党イデオロギー担当部局（通常は国家のナンバー2にあたるイデオロギー担当書記が最高責任者をつとめる）となる[1]。この過程を少し詳しく観察すると、情報や表現の生産者に対しては、あらかじめ定められた一定の基準、例えば表現・掲載の許されないリストにしたがい、社会主義リアリズムといった表現方法に則っての表現が求められた。スターリン時代には自由な表現によって被る肉体的な抹殺にさえいたる不利益を考慮して、表現する当事者が自己防衛的に表現を抑える自己検閲も生む。皆と同様であれば安心であるが、それによってオリジナリティーを喪失することにもなる。一九三〇年代の検閲機関の文書が多く残され、以後減少したことは自己検閲の賜物であるとの指摘がある。各種メディアの作品は、それを世に送り出す役割を果たす出版社などの発表媒体に送られるが、この段階で編集検閲にかけられる。編集部の党員が熱狂的で、検閲官よりも厳しいことさえあり得た（もちろん良心的な編集者が検閲に抗して優れた作品を送り出した例外もある）。次に各種メディアを監視する本体であるグラヴリトが作品に介入する。修正を求めたり、それが不可能な場合には単に許可せずに公表の手段を奪った。それでも防げずに、当局にとって好ましくないと思われる内容が公表された場合は事後的に没収・廃棄したうえで、執筆者やそれを見逃した検閲官が譴責されることにもなった。検閲官は作品の修正・抹消箇所や作家の作風・気分等についても定期的に上層部へ報告した。グラヴリトと権限の区別をするのは困難だが、その上に立って法廷外の制裁を加えることもあったのが秘密警察であり、検閲官にとっても恐怖の存在となりえた。各種メディアの編集部におけるスパイ網の構築、検閲スタッフの選抜などにも役割を果たした。またグラヴリトと秘密警察は、海外からソ連に持ち込まれる様々な書籍その他の流通を阻止すべく、税関、郵便局にも職員を配置した。この秘密警察の上に立つのが共産党であり、さらにスターリンやフルシチョフなどの党書記長が最大の検閲官としての役割を果たしたが、最後のソ連共産党書記長ゴルバチョフがグラースノスチを発動し、それまでの言論統制を緩和したことはソ連共産党の権威低下と国民の自由な意見表明、ひいてはソ連崩壊を促す要因ともなった。検閲制度については以上のような段階的な分類が可能だが、この情報統制システムのうち、近年になって検閲組織に関する文書集や著作が発表され、その活動内容がかなり明らかになってきた。筆者自身、検閲関連の文書フォンドを求めてアルヒーフで史料探索作業を行ったことはないが、すでに刊行されている文書集、著作を総括することによって、現段階における研究の進展状況を示すことが本章の目的である。最初に最近の研究動向を簡単にまとめておくことにする。

第1節　ブリュムとガリャーエヴァの研究

検閲関連の文書の発掘とそれに基づいた研究を行っている代表的な研究者として、サンクトペテルブルグの歴史家Ａ・Ｖ・ブリュム（Блюм А.В.）とモスクワの歴史家Ｔ・Ｍ・ガリャーエヴァ（Горяева Т.М.）の二人を挙げることができる。この二人は、検閲を担った中心組織であるグラヴリトについて、それぞれの都市のアルヒーフに保管されている史料を発掘して公表し、それらに基づいてすでにモノグラフを発表している。グラヴリトの文書史料については、特にその草創期にあたる一九三七年までの重要な史料が中央の史料館ですでに廃棄されたとみなされている（ソ連時代の末期、一九九〇―九一年にも検閲作業にかかわる文書の多くが廃棄されたという）が、ブリュムはサンクトペテルブルグの史料館で命令その他の史料を発掘し『ソ連における検閲一九一七―一九九一：文書集』として出版した(2)。彼はペレストロイカ以前から、グラヴリトが最初に所属していたロシア連邦教育人民委員部の文書を閲覧する一方、一九二二年の創設から一九三一年までグラヴリトを統括し、戦後アカデミー会員になったレベジェフ・ポリャンスキーの史料が保管されている科学アカデミーのアルヒーフでもグラヴリトの史料を見いだした。それらをもとに執筆されたのが、サンクトペテルブルグにおける検閲制度を中心に、ソヴィエト政権の最初の一〇年、スターリン時代、スターリン死後ソ連崩壊までという時代区分でまとめた三部作(3)である。

一方、ガリャーエヴァが編集責任者となって刊行したのが、文書集『ソヴィエト政治検閲の歴史』(4)である。第一部が党や国家の命令文書、イデオロギー問題に関する書簡など、第二部が検閲機関たるグラヴリトの活動、第三部が検閲下の文化に関する文書を収録し、それぞれが年代順に並べられている。彼女はグラヴリトの最も重要なフォンドは一九三七年以前から抹殺が徐々に開始されていたと述べているが、収録文書には現在もアクセスの困難な大統領アルヒーフからの興味深い文書も含まれていることからも、検閲に関する文書はすべて公開されているとはいえない。彼女はこれらの史料をもとにソ連の政治検閲に関する概説史を執筆した[5]。この概説史は最初の部分で検閲に関する研究の歴史と重要な文書の保管場所等について詳細に解説している。レーニン、スターリンら党幹部によるメディア、特に作家やジャーナリストに対するコントロールについてＬ・Ｖ・マクシメンコフが編集した文書集『大検閲』[6]は、革命からスターリン批判の行われる一九五六年までの四〇年をカバーし、主としてロシア国立社会政治史史料館の政治局、スターリンフォンド、中央委員会特別セクション第五部、組織局、書記局などの文書から構成されている。革命直後のレーニン、トロツキーらの検閲に関する活動から始まり、最大の検閲官スターリンのメディアに対する直接的な関与、作家との関係も知ることができる。政治局のプロトコールを見れば、プラウダやイズヴェスチアなど党・政府の主要機関紙にいかなる記事を載せるべきか、或いは誤った記事に対してその責任者を追及することなどがたびたび議題に載せられており、ここにこそ情報を統制する最大の現場があったことを示している。

以上の文書集や検閲が対象とする範囲の拡がりから、ソ連時代の表現空間に対する統制を研究するには、党や政府の検閲組織、秘密警察、党指導部と検閲される側（作家や記者、芸術家等）の相互関係の他、メディア（文学作品その他の出版物、絵画、ラジオ[7]、映画[8]、テレビ等）ごとにその実態を探るなどの手法が想定され、対象が極めて広範囲にわたることが理解できる。したがって、検閲と名前がつかなくとも、それを対象とした研究の蓄積は当然ながら歴史学という範疇に収まり切らない膨大な数に上り、それについて検討、論じることは容易ではない。紙数に限りがあるので、本章では次のような限られたテーマ、すなわち、①検閲機関グラヴリトの構造、スタッフ、②

検閲の実際、掲載禁止事項、③出版社、図書館、古書店、外国書籍その他活字以外の分野に対する検閲、④検閲への抵抗とグラヴリトの崩壊、以上について簡略にまとめることにしたい。なお注釈は煩雑さを避け、最低限にとどめた。

第2節　検閲機関グラヴリトの構造、スタッフ

出版に関する布告で自由な出版を約束しながら、それを認めたのは自陣営だけであり、検閲はボリシェヴィキが権力を握った直後から開始され、一九一八年十一月には教育人民委員部代理を務めていた歴史家M・N・ポクロフスキーがその廃止を訴えるものの斥けられた。一九一八年半ばに内戦が始まると同年十二月二十三日には革命軍事会議のもとに軍事検閲部が設置され、検閲されるべきもの、軍事検閲を実行する組織、任務を定めた。規定の違反者は革命法廷で裁かれた。グラヴリトができるまで出版物には「軍事革命検閲」の印鑑と番号が押されることになった。ネップ時代に入った一九二二年三月に政治局が各種検閲機関の統合を検討しはじめ、最終的に同年六月六日、ソ連ソヴナルコム（人民委員会議＝閣僚会議）の布告でロシア共和国教育人民委員部にグラヴリトが設置された。その規定には任務（事前調査、許可の付与、販売・流通禁止書籍のリスト作成、規則の作成）、禁止すべき書籍（反ソ、軍事機密、嘘の情報で住民を喚起するもの、ポルノ）、コミンテルンなど検閲が免除される対象、出版物へのグラヴリトの許可印の押印、幹部構成などが定められた。このような任務規定がその後も基本的に踏襲されていくことになる。これはロシア共和国の組織だが、他の共和国でも同様の組織が作られていく（ウクライナでは一九二二年八月二十九日、ベラルーシでは一九二三年一月五日に設置）。一九三〇年九月の政治局の特別決定によ

り、グラヴリトの中央機関は事前検閲の機動的作業を全面的に免除され、ロシアのグラヴリトが各共和国に全体的な指針を出すことになった。グラヴリトの管轄下で演劇、音楽、映画作品への検閲を実施し、上演・上映の許可、禁止作品名のリスト作成や、それに応じた権限を付与されたのが一九二三年二月九日に設立されたグラヴレペルトコム（上演種目検閲委員会）である。さらに一九二八年四月にはグラヴイスクストヴォ（文学芸術分野におけるイデオロギー的監督組織）が設置された。

満洲事変による満洲国の建国、ヒトラーの政権奪取というソ連を取り巻く国際環境の悪化により、国家機密の保持に当局が真剣に取り組むようになったことは疑いない。一九三三年九月に政治局は「軍事機密の保護強化」について検討しはじめ、グラヴリトのトップであるヴォーリンに「印刷物における軍事機密保護に関するソ連ソヴナルコム全権代表」の地位を付与して独立グループ「軍事検閲部」を結成し、各共和国に作った同様の組織が彼に従属することになった。ヴォーリンには革命軍事会議、オゲペウと共同で指示を作成し、地方のスタッフを点検して不適切者を排除することなどを指示したが、全スタッフは軍務についているとみなされることになった(9)。ロシア以外の各共和国におけるグラヴリトの活動が不十分であり、そこからの軍事機密漏洩を恐れたトゥハチェフスキー陸海軍事人民委員代理が、強力な連邦組織の設置を求めたことが背景にあったと文書にある。一九六六年に消えるまで三〇年以上も「軍事」という言葉がこの組織の名称に付いていたのは、一九三〇年代のソ連社会の軍事化、国防を理由とした言論統制を象徴しているが、一方で第二次大戦の勃発によって逆に軍事検閲に正統性が付与された側面や、新たな冷戦が背景にあったことも確かであろう。

各メディア機関には政治編集人としてグラヴリトから代表が派遣されて検閲を実行し、一九三三年の回覧により政治編集人は一〇日に一回、内情を報告する義務を負わされた。このため中央のスタッフは一九三〇年代には減少していった。ブリュムによれば、検閲機関全体の人数が唯一判明している一九三九年の場合、全国で一一九のグラヴリト（州、地方など）が存在し、総数六〇二七人、うちロシアの中央組織三五六人、その他のロシア三三四七人、ウクライナ九二三人、タジキスタン六四人など、平均して州には五〇―一九九人、モスクワには二一六人、レニングラードに一七一人が勤務していたが、ここに定員外の職員は含まれていないという。彼によれば地方のグラヴリト機関は一九三五年から四〇年にかけて数倍に人数が増えた。[10] レニングラードの場合、一九四〇年一月一日現在、定員一七五人、非定員二七人で、うち検閲官七五人、地区全権五六人であった。ちなみに二十世紀初め、帝政時代の最大のペテルブルグ検閲委員会のスタッフが一三人であった。[11] ただし、地方における検閲職員のレベルがあまりにも低く、地方新聞の編集部より能力が劣っていることからその解体を求める声さえ存在した。

検閲官には、プロレタリア出身かつ党員か同候補が望まれたが、外国語文献を扱う検閲官については、もちろん外国語の知識が最優先されたことはいうまでもない。先の苦情を見てもわかるが当初の検閲スタッフの教育程度は低く、彼らに学習を要求、テストまで実施し、高等教育を受けていなければマルクス・レーニン主義の講義を受講させることもあった。高等教育を受けたスタッフが入ってくるのは第二次大戦後のことである。給与の低さからも人材の流動性は高く、検閲で不要とした古書を古紙として売却することによる利益を批判される例まであった。なおグラヴリトのトップは、すでに言及したレベジェフ・ポリャンスキー、ヴォーリンのほかイングーロフ、サドチコフ、そして戦後はオメリチェンコ、ロマノフ（五七年三月から最長の二〇年在職した）、最後にボルドゥイレフが務めた。一九三一年にレベジェフ・ポリャンスキーのあとを継いだヴォーリンがスターリンの扱いやすいように検閲機関を変えたとみなされている。一九三〇年代後半には、例に漏れずイングーロフを含む検閲機関職員も粛清で多数が犠牲になった。独ソ戦直前の一九四一年六月二日には、新たに軍事検閲総局を設置し、その総局長の権限などを定めた。すべての郵便物の閲覧を委任することなどを含んでいた。

グラヴリトの戦後の組織構造についても一九四七年の状況[12]、一九五四年の状況[13]、一九七七年の状況を示す文書[14]などが発掘されており大まかな変化をたどることが可能である。レニングラードに関してブリュムは、戦後の同市の検閲職員の人数を八〇―九〇名とし、この中には各出版社、大新聞の編集部、ラジオ、テレビへの派遣者は含んでいないため、全部で五百―六百人になるのではないかと推定している。しかも、時に検閲官の役割を果たしていた編集者はここに含まれないという。[15]メディア統制の拠点としてモスクワ、レニングラードの二都が特に重要であるが、検閲に従事していたスタッフの正確な人数については新たな研究成果を待つ必要があるように思う。

検閲における党の役割を強化すべく一九五八年一月八日、中央委員会にイデオロギー委員会が設置され検閲の監視を委ねられた。その長にはスースロフが就任し、停滞時代の灰色の枢機卿となった。一九六三年にグラヴリトは、ソ連閣僚会議の印刷物委員会の下に置かれて一時地位が低下したが、一九六六年八月十八日の決定で、再度閣僚会議付属の地位に戻った。実際には党中央委員会イデオロギー部に従属して活動していた。

第３節　検閲の実際、掲載禁止事項

事前検閲の手順について出版物を例にとって説明しよう。出版社から提出された原稿は検閲官が掲載禁止リストや最新のプラウダの論説（昨日の英雄が今日は人民の敵になるという政治潮流の激変に適応する必要があった）等と照合、修正を要求するかまたは掲載を却下し、問題がなければ出版を許可する。一九二五年に最初に作成された一六頁の禁止リストは、最高で三〇〇ページの本に拡大、グラースノスチ開始時の一九八七年に最初の分量に戻った。このリストは「タルムード」と呼ばれ五―六年に一回更新され、その間の追加分はグラヴリトが地方に送る回覧文書を参照することになった。掲載禁止リストはA分類＝軍事・経済に関するもの、B分類＝政治・イデオロギーに関するものに二分され、一九三〇年代半ばには前者が九割を占めた。各検閲官は検閲対象物についてどこを削り修正したのかについて報告するが、グラヴリトはそれら全国のデータを集計して、定期的に党中央委員会に報告した。それらの報告が文書集にも多数掲載されているが、数千、数万の軍事経済的秘密情報、政治的・イデオロギー的歪曲を原稿から削除したことや、書籍、論文、詩のうち印刷・掲載を禁止した著作数のデータなどが含まれていた。出版、掲載後に誤りが発見されると書籍・雑誌は回収され、過ちを犯した筆者、出版社やそれを見落とした検閲官は処分の対象になった。すでに述べた通り、大テロル時代に中央の検閲機関だけで三〇人が粛清された。したがって、検閲官は保険をかけた介入も実施する傾向にあり、逆に当局から行き過ぎを批判されることにもなった。

既述の刊行文書集の中には、一九三三年四月にグラヴリトが政治局に対して、一九三一年四月の政治局決定以降のグラヴリトの仕事内容の変化、率直な現状評価、新たな課題、組織の展望について総括した文書がある。これはアクセスが困難な大統領アルヒーフから収録された文書であり、グラヴリトの主要史料が喪失されたとはいえ、保管されているところには保管されていることを示すものでもあるが、政治局に対する報告だけに内容は興味深い。要約すると、グラヴリトの機能は事前・事後検閲で仕事量は膨大だが、有害、不適切な文章の掲載が減少してきていること、事前検閲は教育の役割も果たしており、不適切と判断した場合は行政的指導で圧力をかけること、組織の改組後グラヴリトの目の届いていない出版社はないこと（具体的な行動を列挙）、さらに誤って掲載を許した例をいくつか挙げた。そして一九三一年四月五日の政治局の国家機密に関する決定を忠実に実行し、すべての新聞、雑誌に国家機密保護に関する特別全権を配置して一定の成果を挙げているが、地方の検閲は不十分（白ロシア、ウクライナはましなほうである）で、しかも各共和国は国境地帯にあり、国家機密の漏洩、民族主義の顕現の恐れがあり、「よく知られている通り、この我々の出版を外国の記者、大使館、領事館は何としても狙っている」ため、全連邦の組織として設立すべきであるという内容であった[16]。この報告は先に述べた一九三三年末の全連邦組織の設立を促した報告の一つであった可能性もある。検閲機関の日常的な活動を表す文書も重要だが、国家の政策決定過程を映し出すこのような最高レベルの文書のさらなる発掘が望まれよう。

戦後になっても、検閲の手法は一九三〇—四〇年代と基本的に変わりはなかった。事前と事後検閲に分かれ、グラヴリトは状況や党大会などによって変化する禁止リストや、プラウダや党の機関紙に発表される論文に沿って臨機応変に対応した。

一九六六年に出版準備されていた文章に対するグラヴリトの検閲作業についてまとめた一九六七年三月の文書[17]をガリャーエヴァが発掘している。この報告は各雑誌が掲載を予定している論文や文学作品に対していかなる理由で修正を要求し、或いは掲載を断念させたのかについて一年分の記録をまとめたものである。修正さえ要求されないものは最初から掲載不可と判断された。修正に応じて最終的に掲載された作品は、作家や編集部が当局の指示に従ったことを意味する。文章の修正或いは拒否の理由が書いているだけに、当時の作家がいかなる作品、文章を世に問おうとしていたのかが一目瞭然の文書である。ガリャーエヴァは、本文書のようなグラヴリトの分析作業が主要な活動形態となり、「この文書はこの種の数百の文書の初期のものの一つで、この内容豊富な文書の分析からグラヴリトが平凡な検閲機関から分析センターに変貌し、その最終結果が国の社会的・知的生活の総体的な図になったことを示す。よって中央委員会はカゲベと並び、国内と国外のインテリの中で生じていることについて極めて正確に理解することができた」。いわゆる停滞時代の文化生活が、公的に発表されたものとはまったく別の世界として浮かび上がることになり、両者を並列させることによって、「公式のイデオロギーが何を信奉し、それが何を──真実、過去と現在の真実──死ぬほど恐れたのか鮮やかに照らし出す」と述べている。この文書は出版物に特化した内容であるが、あらゆるメディアに関する分析作業がまとまって発表されるならば、停滞しているかのように見えた社会の裏側では、やはり真実と表現の自由を求める動きが密かに胎動していたことを示す文書群になるだろう。

すでに述べた通り、掲載、出版や上演、上映の禁止されたテーマは時代ごとにまとめられタルムードと呼ばれた。最大で三〇〇ページにも上っただけに、本章ではその大まかな傾向だけを示すにとどめたい。全時代を通じた傾向だが、もちろんネップ時代、一九三〇年代のスターリン時代、その後期の反コスモポリティズム時代、スターリン批判後の時代、フルシチョフ失脚後の時代などによって内容は変化するし、禁止されていたものがスターリン党書記長の気まぐれで突然許可されることもあり得た。

掲載が禁止された例をアトランダムに並べると、体制の敵（ナンバーワンはトロツキー）、統計データ（孤児、失業者、反政府活動、ソ連のレベルを貶める衛生・医療情報、死刑判決、殺人、社会学的調査、人口予想、放火、外国映画の観客）、国境の状況、重要施設情報（クレムリン、飛行場、閉鎖都市、軍関連施設）、革命と内戦時の流血と悲惨さ、革命への幻滅、農業集団化への農民の反発、スト、騒擾、秘密警察、大飢饉、グラーグ（矯正労働収容所）、政府や党幹部の所在・遊説場所、軍隊の配置、事故（列車、炭鉱、核）、災害（地震、洪水）、エコロジー、長期の気象予報（三日まで可）、レニングラード封鎖のリアルな描写と死者数の多さ、反ユダヤ主義、皇帝一家やドイツ兵を人間的に、赤軍兵士を臆病で暴力的に描くこと、国際関係の悪化した国々（ユーゴスラヴィア、中国など）、レーニン、スターリンの個人生活（一九三八年以降は党の許可が必要となった）、失脚した党指導者への言及、外国企業の宣伝などである。検閲という言葉も姿を消した。気象情報は風向きやその強さによっては例えば敵による毒ガスの散布を招くといった懸念や収穫高が予想できるという理由から秘匿されたのである。筆者も一九三〇年代半ばの夏季数ヵ月の気象予報で「極秘」事項として人民委員会議議長モロトフのもとに送られた文書を閲覧したことがある。当時の予報の正確さはともかく、農業従事者にとっては収穫の参考になり得たかもしれないのだが、国防的な観点から公表が禁止されていたとすれば、その懸念は想像以上である。一九七七年のことになるがカゲベ議長アンドロポフは、重要な国家、党活動家の回想、日記、史料を外国の機関が狙っているとして、回想録出版に特別の規制を設けるよう報告した文書も発掘されている。外国企業の宣伝は競争を恐れるというより、イデオロギー的観点から革命後に消えた商品が、死滅しつつある西側で大量に生産されていることを大衆が知るべきでないからである。中ソ関係が冷却していた時代、例えば両国のバレーの試合を、アナウンサーは中国という名前を出さずに実況することを求められた。ブリュムは個人的経験を交えつつ、ほとんど滑稽と思えるほどの検閲内容を多数紹介している。(18)

第４節　出版社、図書館、古書店、外国書籍、その他活字以外の分野に対する検閲

出版社、図書館、古書店、外国書籍などに対するコントロールについて簡単にまとめることにしよう。ボリシェヴィキの権力獲得後、反対派の出版社、新聞社は閉鎖され、ネップ時代に多数活動していた協同組合出版社、私営出版社も検閲当局の圧力を徐々に受け、一九三〇年代初頭には数社が残るだけとなった。紙が不足していた時代で

あり、国がそれらを独占的に配給することや、経営安定に効果的な古典や教科書の販売を国家が握るなどの方策も効果があった。出版点数が形の上で増加しても、内容的には一部作家、例えばゴーリキーの作品の大量発行といったいびつな形が形成されていく。ドストエフスキー、トルストイ、チェーホフでさえ当局のイデオロギーに合わないものは出版されないか、部数を抑えるか、或いは一部を削除して出版された。

新聞はラジオと並んでイデオロギーの拡声器の役割を実行し、一九三〇年代半ばまでソ連全土で七〇〇〇紙を数えることになるが、毎日の速報的な活動を行っているために長期間の事前点検は不可能である。そこで惹起したのが、「反革命的誤植」（故意かどうかは問わず）との闘争である。例えばグラヴリトが各地に送った回覧の中には、「虐殺の骨壺（у избивательной урны，「投票箱」у избирательной урны ではなく）のそばに立つスターリン」、「レーニンが子を生んだ（окотился，「猟をした」охотился ではなく）」という誤植が見いだされた。キーロフ暗殺の際に、誤ってスターリンの名前を載せたカザフスタンの新聞もあった。もちろんいずれも新聞の回収、関係者の処罰という経過をたどることになる。

図書館の監視も検閲機関の仕事である。革命前に刊行された書籍については、グラヴリトではなくレーニンの妻クルプスカヤが率いるグラヴポリトプロスヴェト（政治啓蒙総委員会）が、革命ロシアにふさわしくない書籍をネップ時代に繰り返し検討した。必要ないとみなされたものは廃棄されるか、スペツフラン（またはスペツフォンド、特別保管庫を意味し一般に閲覧は許されない）に別置された。多数の本が消えたほか、マルクス、レーニン、エンゲルスの著作まで廃棄するという地方さえあったことが記録されている。その後時代とともに図書館のフォンドはグラヴリトによって繰り返し点検、清掃されることになる。スターリンが一九二〇年代末に権力を握るとネップ時代に私営出版社が刊行したもの、トロツキーその他スターリンの政敵となった者の著作が排除され、一九三〇年代後半のテロルの時代にその数はさらに増加した。ナチスドイツを批判した書物は一九三九年の不可侵条約締結後にスペッフランに送られ、独ソ戦が始まるとまた元に戻された。戦後もジダーノフ批判を皮切りに思想統制が強化されると図書館でも、大戦中に緩んだ書籍の点検が強化され、併合されたバルト三国では戦中期の書籍が大量に廃棄されることになる。スターリン批判後にラーゲリから弾圧された人々が戻ってきたように、名誉回復された粛清犠牲者の書籍がスペッフランからも帰還を果たした。フルシチョフによる雪解け時代が終わりをつげ、ブレジネフ時代に亡命者が増加すると、彼らや反体制運動に加わった人々の著作も排除された。各図書館の書籍フォンドの検査はペレストロイカ時代まで継続して行われ、監察官が巡回し、規則通り除去しているか抜き打ちで調査し、不備がみつかると責任者は処罰された。禁止図書は痕跡を消すべくカタログからも除去された。廃棄やスペッフランへの移動の他、禁止事項があまりに多くなると閲覧できる本がなくなってしまうので、名前やポートレートの削除、頁や章の切断など書籍の体裁を損なわない程度に手を加える作業も行われた。例えばベリヤが粛清されるとソ連大百科事典のベリヤの項目にあるポートレートは隣接項目であるベーリング海の写真で置き換えるよう通達が出された。グラースノスチとともに、廃棄を免れスペッフランに送られていた書籍は徐々に公開されることになるが、一九八八年十二月の段階でも四六二冊は公開を許されなかった（反レーニン、反ソ、反共産党などを内容とする）。と同時にこの文書は、一九一八―八八年に亡命した作家約六百人の作品も一般の書棚に戻すよう提案している。

古書店は図書館と並んで一般大衆が書籍を閲覧、購入できる空間だが、もちろんグラヴリトの監視対象に含まれ、禁止指定書物（図書館のリストと重なる）の売買を禁止していた。図書館と異なり売買により常に構成が変化し、常時禁止本の売買を追跡することは困難であった。戦時の外国訪問機会の増大で、戦後の古書店への書籍持込

（主として軍人、外国人、外交官など）が増大し、当局に好ましくない書籍も含まれた。古書店主も罰則を恐れ「危険な本」は様々な口実をつけて買い取りを拒否するが、売買の発覚は購買者や販売店員の密告、検閲官の奇襲などによった。一九三〇年代末からは、書籍の他にも葉書、地図さえ、事前検閲なしに古書店での販売を禁止され、検閲官による裏表紙への点検済みのスタンプが必要となったが、雪どけ時代の一九五五年にこの事前検閲制度は廃止され、疑わしい場合に検閲へ自己申告することになった。戦前に反ソ的書籍が出版、流通していたバルト諸国では、亡命作家のものも含めてレニングラード、モスクワにないものがより簡単に入手可能であったという。外国での購入本が古書店に持ち込まれたように、郵送により外国から好ましくない書籍が流入する危険性もあった。したがって、グラヴリトは税関、郵便局で秘密警察と共同して検閲を実行した。戦後、外国書籍の検閲はモスクワの郵便局でのみ実施された。ただし党中央委員会や外務省その他の特定の機関には敵を知るべく禁止書物が納入され、必要なものは翻訳されて特定のサークルでのみ回覧された。例えばジョージ・オーウェルの『一九八四』も一九五九年にすでに翻訳されていた。

検閲機関の名称は異なっても、活字以外の分野への検閲も行われた。音楽ではソ連のイデオロギーにふさわしくない歌謡曲、クラシックでもチャイコフスキーさえ旧体制を賛美するものは除かれた。ダンスの中にもブルジョア的で労働者階級にふさわしくないものは踊ることさえ禁止された。「フォルマリズム」作曲家として、ショスタコーヴィチ、プロコフィエフへの攻撃が行われたことはいうまでもない。レコードの選抜にも販売にふさわしくないリスト、書籍同様の輸入禁止リストが作成された。映画についても革命直後から禁止リストは作成された。レーニン、スターリン役が出演する戯曲について、役の不出来とスターリン役のシーモノフについてスターリンの事前許可がなかったことを批判する評価がスターリン側近に送られているのが象徴的だが、演劇にも当局は介入している。ラジオについては、一九二七年に初めて原稿の事前チェックが実現している。放送される内容について事前提出の期限（国際問題などについては四時間前、緊急放送の場合は二〇分前等）などが定められ、戦前には軍事機密の事前検閲の徹底がはかられた。博物館や美術館の各種展示も監視された。展示プランは事前にグラヴリトの許可を得る必要があり、訪問者による感想文は、好ましくない内容があれば取り外せるよう、頁数のついていない着脱式のノートに記されることになっていた。

スターリンなど党指導者を描くポートレート、絵画、胸像の出来についても問題となった。検閲当局が様々な形で介入し修正を求めた。一般大衆の表情にも介入は拡がり、喜ぶ楽観的な表情を映し出す写真が求められた。このほか工場や学校の壁新聞、ポスター、カレンダー、本の装丁、写真、地図、図表、銅版画、葉書、瓶やマッチ箱の張り紙、切手、絵画、紋章等、あらゆる対象に対して検閲は実施された。政治的に許されないペットの名前さえあるとの報告もなされている。

第５節　検閲への抵抗とグラヴリトの崩壊

検閲への批判、抵抗は、公然たる形では困難であったが記録は残っている。一九二〇年代には亡命者の発行する新聞に、ロシア国内の検閲の内情を詳述する情報が掲載されたこともあった。日記や手紙などに書き残された検閲への批判も近年公開されているし、秘密警察のインフォーマントによる報告書には、仲間内での検閲批判、苦情が記録されている。才能ある作家たちの多くは肉体的な生き残りをかけて一九二〇年代以降、児童文学、翻訳業、空想小説などの分野にも進出したが、マルシャクらの児童文学グループも弾圧から逃れることができなかった。スターリン批判後の雪解け時代にもたらされた比較的自由な文化的、政治的環境は、フルシチョフ失脚とともに後退し、スターリン批判も弱まっていくと同時に検閲も強化されていく。一九六〇年代の終わりに作家たちがスースロフに検閲撤回を求めたとき、彼は「プラハは検閲をやめたからソ連がタンクを送る必要があった。我々が検閲をやめたら誰がタンクをモスクワに送るのだ？」と答えた[19]のが象徴的であろう。既述した通り、グラヴリトは国内外の思想状況を分析するセンターの役割も果たしていくことになった。

こうした状況の中で、一九七〇年代から一九八〇年代初めにかけて非検閲文献、すなわちサミズダート（ソ連国内での地下出版）、タミズダート（国外に持ち出しての出版）が盛んになった。サミズダートにはタイプによる複製やマイクロフィルムのほか、一九七〇年代後半からソ連国内に入りはじめたゼロックスコピー機も利用されるようになった。タミズダートに対して当局は、生原稿の国外への持ち出しを警戒して、外国のソ連関係者、外交官、さらには学生のノートにまで目を光らせていた。モスクワから離れた地方都市（ロシア以外の共和国も含む）で出版される新聞・雑誌に、現地の検閲官の警戒・能力レベルが低いことを利用して、禁止された人物などに言及する試みもなされた。一九六七年に当局に検閲の廃止を訴えたものの黙殺され、一九七三年に『収容所群島』が西側に持ち出されて発表されたためソ連から追放されたソルジェニーツィンの例は有名だが、当局は早速その反ソ的性格を暴露する論評を載せるよう新聞に指示し、図書館から彼の作品の除去を命じた。

ソルジェニーツィン以外にも当局の関知しない地下出版物が広範に出回るようになると、これら反体制派或いは異論派と呼ばれる人々の住居を捜索する中で、当局は判断のつきかねる文書類を押収することになる。したがってカゲベからの依頼でグラヴリトはこれらのサミズダート文献の鑑定を行い、筆者と内容、公表がふさわしいかどうかといった点で報告書を作成することになった。そのような文書も多数発掘されている。一方でこの時代には、以前は刊行の許されなかった作品の中から、制限された部数で一般大衆の給与の数ヵ月分の値段をつけて外貨で販売されるものもあった。これも時代の変化を反映している。

ゴルバチョフのソ連共産党書記長就任の翌年にあたる一九八六年四月のチェルノブイリ原発事故を契機にグラースノスチが真剣に検討され始める。徐々に検閲項目は減少したが、一九八七年十一月にソ連時代最後の四〇頁の禁止リストが作成された。公開された文書によると、グラヴリトの担当者はソ連崩壊の直前まで組織の温存を図り、その必要性を訴えていたことがわかる。ソ連消滅とともに、グラヴリトもその活動を停止することになった。

おわりに――検閲研究の可能性――

以上、先行研究に依拠し、いくつかの問題に分けてソ連の検閲について検討してきた。本章で紹介した文献以外にも、ソ連時代にとどまらず帝政時代を含めたロシアにおける検閲の歴史について歴史家の研究集会が開かれ論文集が刊行されているし、先行研究も蓄積されつつある。すでに述べたように、情報のコントロールはあらゆるメディアに拡がっており、検討すべき分野は歴史学だけでカバーできるものではない。本章では言及していないが、ルィセンコの例を持ち出すまでもなく自然科学への介入も考慮すると、知らされるべきであった情報を知らされずに受けたソ連国民の不利益は人文科学・社会科学的分野にとどまらず、想像を絶するものとなろう。他方、ペレストロイカとソ連崩壊後の新しい情報空間の中でこの情報の空隙をどれだけ埋めることができたのか、新しい国家建設に生かせたのか、それとも経済的混乱でそれどころではなく、冒頭で現代ロシアの情報統制について言及した通り、少なくとも社会的安定と将来への展望をもたらした新しいリーダーのもとで企図される疑似ソ連的な情報統制空間に現代ロシアが嵌り込んでしまったのか否かというのは別の大きな問題となろう。

七〇年も続いた制度からの完全な転換こそそもそも無理な話なのかもしれない。本章で紹介した検閲研究の専門家もその著作の中で早くから、ロシアにおける検閲復活の可能性について危惧する記述を残していた。ガリャーエヴァは、検閲の歴史は「繰り返される可能性」があり、「検閲の転移は、時折、ロシアの強力な体に現れる」「よって理解し、警戒するためにも過去を知ることが必要」であると述べている。[20]「ロシア史の不吉な無限性、繰返しを考慮に入れると、政治状況のいかなる変更も（もちろん、願わくばそうならないでほしいが）疑いなく厳しい行政的検閲の復活を導くことになる」と述べていたブリュムは、[21]二〇〇五年の著作でアルヒーフ史料へのアクセスの困難が増大していることを嘆き、ロゴス中心主義のため肉体的抹殺よりも精神的抹殺を重視するロシアの心性を推測している。[22]ロシアは十九世紀末にすでに検閲の歴史についての著作[23]が執筆された国であり、歴史はソ連時代の七〇年に限定されない。そもそも検閲なしには存在しえない国なのかもしれない。そう考えると、抹殺を免れてソ連崩壊後に発掘、提供された検閲史料の価値は非常に高く、本章で詳しく述べられなかったあらゆるメディアに視野を拡げて研究を進めていく価値のあるテーマではないだろうか。

現在一九三〇年代のスターリン体制期を研究している著者としては、やはり検閲機関に軍事という名前がつけられて再編された一九三三年の動きが注目される。機会があればこの問題に取り組みたい。[24]

[注]

（1）*Блюм А.В.* Советская цензура в эпоху тотального террора 1929–1953. СПб., 2000. С. 14–25.

(2) Культура и власть от Сталина до Горбачева：Документы. Цензура в Советском Союзе 1917–1991 гг.：Документы / Под ред. А.В.Блюм. М., 2004. 本書は一九九九年にドイツのボーフムで刊行されたものの増補版である。

(3) *Блюм А.В.* За кулисами «Министерства правды». Тайная история советской цензуры. 1917–1929. СПб.；*Он же.* Советская цензура в эпоху тотального террора 1929–1953. СПб., 2000；*Он же.* Как это делалось в Ленинграде. Цензура в годы оттепели, застоя и перестройки. 1953–1991. СПб., 2005.

(4) История советской политической цензуры. М., 1997.

(5) *Горяева Т.М.* Политическая цензура в СССР 1917–1991. М., 2002. 本書は第二版が二〇〇九年に出版された。*Она же.* Политическая цензура в СССР.1917–1991 гг., М., 2009.

(6) Большая цензура：Писатели и журналисты в Стране Советов. 1917–1956 / Под ред. Л.В. Максименков. М., 2005.

(7) すでに紹介したガリャーエヴァは、二十世紀初頭に利用が進んだ重要なメディアでソ連政権も活用したラジオに関する文書集を刊行した。これは一九一七年から一九七〇年代にかけてのラジオに関する文書を集めたものである。ラジオ放送は一九二七年以降、テキストが保管されるようになったが他の文書同様、多くが廃棄された模様である。Великая книга дня. Радио в СССР：документы и материалы. М., 2007. これ以前に彼女は一九二〇—三〇年代のラジオ放送に対するソ連の統制についての著書を発表していた。*Горяева Т. М.* Радио России. Политический контроль радиовещания в 1920-х–начале 1930-х годов. Документированная история. М., 2000. 本書は二〇〇九年に第二版が出た。*Она же.* Радио России：Политический контроль советского радиовещания в 1920–1930-х годах. Документированная история. 2-е. 2009.

(8) 例えば、Культура и власть от Сталина до Горбачева. Кремлевский кинотеатр. 1928–1953：Документы. М., 2005 が挙げられる。

(9) *Блюм.* Советская цензура. С. 30；История советской политической цензуры. С. 60–61. スターリンの死後、グラヴリトはいったん内務省に配属替えされたが、同年末ベリヤの逮捕・処刑とともに再度閣僚会議へ戻された。

(10) *Блюм.* Советская цензура. С. 49–50.

(11) Там же, С. 49.

(12) История советской политической цензуры. С. 345–347.

(13) Цензура в Советском Союзе 1917–1991 гг. но. 321. *Блюм.* Советская цензура；*Он же.* Как это делалось, С. 14.

(14) История советской политической цензуры. С. 386.

(15) *Блюм.* Как это делалось, С. 26.

(16) История советской политической цензуры. С. 290–298.

(17) Там же. С. 556–569,633–634. ガリャーエヴァによれば、一九六六年八月十八日のソ連閣僚会議附属国家機密保護総局の設立とそれへのロマノフの任命は一時代を画し、このシステムはその廃止まで続いたという。この一九六七年の文書の内容については、次の拙稿に簡単にまとめたので参照していただきたい。「ソ連におけるメディアと検閲——ボリシェヴィキの描くユートピア——：序論」山田勝芳編『東北アジアにおけるユートピア思想の展開と地域の在り方に関する総合的研究』（科学研究費（基盤B）研究成果報告書）、二七—七一頁、二〇〇九年。

(18) これも前掲拙稿にその内容を紹介しているので参照していただきたい。

(19) *Блюм.* Как это делалось. С. 16.

(20) История советской политической цензуры. С. 17.

(21) *Блюм.* Советская цензура в эпоху тотального террора 1929–1953. С. 12.

(22) *Блюм.* Как это делалось в Ленинграде. С. 9.

(23) 著者はスカビチェフスキー。*Скабичевский А.М.* Очерки по истории русской цензуры. 1703–1863. СПб., 1892.

(24) 東に日本、その傀儡国家満洲国が存在し、西では同年ナチスがドイツで政権をとった。東西の反ソ国家の存在を前に、動員や備蓄体制の整備、軍備増強にも拍車がかかっていたこの時代に国内の軍事機密の漏洩を強く恐れて、情報統制をさらに強めたに違いないと推定するからである。ちなみに筆者は一九三〇年代のソ連の対モンゴル政策について検討したが（拙著「一九三〇年代ソ連の対モンゴル政策——満洲事変からノモンハンへ——」『東北アジア研究叢書』三二号、二〇〇九年、一一八頁）、ソ連指導部がこの問題について集中的に検討させていた「モンゴル委員会」（一時期ヴォロシーロフ陸海軍事人民委員が委員長を務めていた）の多数の史料（ロシア国立軍事アルヒーフ）は、ノモンハン（またはハルヒンゴール）事件から七〇年経過した二〇〇九年現在も一切閲覧できない状態にある。戦勝七〇周年を記念してメドヴェージェフ大統領がモンゴルを訪問し両国の友好を確認しただけに奇妙であるが、モンゴルや中国との国際関係に対する配慮や、モンゴルがソ連の支配下に組み込まれていく実態を秘匿したいとの判断からなされているものと考えられる。歴史史料の保管や公開基準はそれぞれの国の判断に委ねられており、依然として国家機密にあたると判断される史料の存在も否定できないので他国の研究者がとやかくいう問題でもないが、例えばソ連時代に秘匿されていた強制収容所に関する文書が広く公開され研究が進んでいるのと比較すれば、非公開文書の存在は当該の歴史問題に対する現体制の一種の検閲実施を示唆するものといえる。

第3部

近現代ロシアの経済

ロシア国立社会・政治史アーカイヴの建物正面のレリーフ
（左からマルクス，エンゲルス，レーニン）

第5章　ロシアの経済発展
――伝統的社会、資本主義および計画経済――

佐藤芳行

はじめに――問題の設定――

二十世紀にロシア地域で生じた二つの大転換、すなわち一九一七年のロシア革命から十余年後の一九三〇年代におけるソ連体制の成立および一九九一年におけるその崩壊が二十世紀の歴史を画する大きな歴史的事件であったことはあらためて指摘するまでもない。これらの転換の間の六十余年は計画経済にもとづく国家社会主義体制の存立の一時代を画するものであり、それは欧米を中心とする西側・資本主義諸国との間に鋭い政治的・軍事的対立・緊張関係をもたらした。

こうしたロシアの異質性（otherness）の起源はどのような事情に求められるであろうか。この問いには様々な側面から答えることができよう。最も単純素朴な答えはそれをイデオロギーに関係づけるものである。しかし、イデオロギー、とりわけ社会主義の影響を無視することはできないとしても、むしろ問題は、それがロシアで強い影響力を持つに至った歴史的事情にあると言わなければならないだろう。ある意味では、多くのロシア内外の研究は、こうした歴史的事情の検討により異質性の起源を解き明かそうとしたものだといっても過言ではない(1)。本章では、この点に関して近年のロシア経済史研究の成果を踏まえつつ、かつ一八六一年〜二十世紀初頭の長期的趨勢とそこに示される大きな問題状況を明らかにすることを通じて検討を試みることとする。

その際、あらかじめ次の点を指摘しておきたい。それは従来の少なからざる実証研究が一九一七年以前におけるレーニンの理論設定から出発していたことである。レーニンは、農民層の両極分解論を基軸に据えた市場形成理論に依拠してロシアでも資本主義が発展しつつあることを示そうとし、またロシア資本主義の発展を大土地所有とユンカー的土地所有を維持したエルベ河以東のドイツ資本主義の発展のタイプ（プロシャ型）に模した上で、地主的土地所有の廃絶（無償没収）を求める一九〇五年の急進的農民運動がアメリカ型の資本主義発展を展望するものであると断定したのである。しかし、こうした把握がきわめて現実性を欠くものであったことは、帝政期からソヴェト初期に至るロシアの経済学者の多くの実証分析に示されているように思われる。さらに、レーニン的把握の問題性は、同時代人としてロシアの政治過程を注視していたマックス・ヴェーバーの二つの論文（一九〇五年、一九〇六年）でも示されている。ヴェーバーは、同時代の多くのロシア経済学者・農学者の膨大な著述を踏まえた上で、ロシアの社会問題が村落共同体における農民共産主義と密接に関連して生じた農村過剰人口問題に由来する土地問題にあり、しかもこの土地問題がドイツを含む西欧には決して存在しなかった性格のものであり、さらに総じてロシアの経済発展はドイツの東エルベ地域に見られるプロシャ型からの著しい変奇を示していることを論じ、むしろ地主的土地所有の廃絶を拒絶し、農民共産主義の土壌を打ち壊そうとするストルィピン改革こそがロシアにおける資本主義の本格的な発展（プロシャ型の発展）をもたらすものであろうと論じていた。こうしたヴェーバー的な把握は、近年の欧米日における実証的なロシア経済史研究とも整合するところが多い。

そこで以下では、こうした研究状況を踏まえた上で、まずは何故一九一七年の革命と一九二九年以降の大転換が生じ、その後のソ連体制の中核となる計画経済がもたらされたのかを取り上げることとしたい(2)。

第１節　開発途上地域としてのロシア

近代ロシアの経済発展を見るとき、まず最も眼につくのは次の点であろう。それは、ロシアが広大な領土と巨大な人口を持つ超大国であり、しかも人口成長がかなり高い率で長期間持続していたが、十九世紀以降急速に工業化と経済成長を達成してきた西欧諸国とは異なって人口は主に農村部で増加しており、伝統的な農業によって養われていたことである。ロシア（ウラル以西）は地理的にはヨーロッパに属するとしても、経済的には西欧諸国から見てはるかに後進的な地域に属していた。

(1)　農業生産の優位とインヴォリューション

このことは帝政ロシアの経済学者が認めざるを得なかったような次のような事実からうかがうことができる。二十世紀初頭になっても農業はロシアにとって依然として決定的に主要な位置を占めていた。労働人口のほぼ八割がいまだに農業をはじめとする第一次産業に従事しており、しかも伝統的・粗放的な農耕方式の下で、土地の生産性は若干の地域を除いて中世的ともいうべき低い水準にとどまっていた。穀類の収穫率（種子に対する収穫の比率）は三〜四倍ほどでしかなく、その結果、――農家の平均保有面積は西欧諸国と比較して決して狭くはなかったにもかかわらず――労働生産性はかなり低い水準にとどまっていた。もちろん、こうした状態の下で、農業外の諸産業からの所得水準も低く、一九一三年のＳ・Ｎ・プロコポヴィッチの推計では、ロシア国民の一人当たりの所得

表1　工業従事者数の推移　（単位：千人）

	工場	小工業	合計
1885	1,132	3,260.0	4,392.0
1895	1,468	3,983.0	5,708.0
1900	2,015	4,767.7	6,782.7
1905	2,119	4,397.8	6,516.8
1910	2,422	4,479.6	6,901.6
1913	3,029	5,525.5	8,554.5

出典）C. Г. Струмилин, Очерки экономической истории России, Москва, 1960. Он же, Товарооборот России, Экономическое Обозрение 1924,No.10. Он же, Наш довоенный товарооборот, Плановое Хозяйство, 1925, No.1.

注）小工業従事者数（1905～1913年）は筆者の推計。

はヨーロッパで最も低い水準にあった(3)。

こうした状態は、ロシア農業の商品化率（農作物の総収量に占める販売された量の比率）が二十世紀初頭にも二五～三〇パーセントという低水準にとどまっていたことに端的に示されていた(4)。商品化率は社会的分業の進展度を規定する指標であり、それはロシア農業がごく限られた農業外人口しか養う力がないことを意味した。これに対して、例えば同じ時期のドイツでは商品化率が三分の二を超えており、それは一人の農業者が――食糧と原料の供給を通じて――二人以上の農業外人口を養っていることを示していた。

もとよりどこでも経済発展の初期には伝統的な産業が優位であり、そのような国の生産力や所得が低水準にあることは言うまでもない。すなわち経済発展においてより重要な点は発展にともなう変化、とりわけ労働力の配分や産出量の変化であろう。しかし、この点から見ても、ロシアと西欧諸国との間には大きな相違があった。多くの西欧諸国では、十九世紀中葉以降総人口の増加に伴って工業をはじめとする農業外の産業に従事する人々の比率が急速に拡大していた。また工業部門の労働生産性が急速に成長するとともに農業における労働生産性も上昇していた。これと対比するとロシアで見られた経過はかなり異なっている。統計の示すところでは、ロシア帝国の総人口は急速に増加し、一八九〇年のほぼ一億人から一九一三年の一億五千万人へと爆発的に増加したが、その際、増加したのは主に農村の農業人口であり、毎年の人口増加は一五〇～二〇〇万人にも達した。

この爆発的とも言える農村人口の増加率から見ると、ロシアの産業発展のペースはかなり低い水準にあったといわなければならない。帝政ロシアの、そして現代の研究者（例えばE・H・カーなど）が注目するのは、単に産業が拡大したかどうかではなく、まさしく人口増加と比較したその成長のペースにある（表1）。

さて、ロシアの工業統計では、帝政期以来、大工業（工場）と小工業（クスターリ・手工業）とが区別されてきた。法的な観点から見ると、前者は一七人以上の労働者を雇用する事業所を示し、後者はそれ以外の事業所、すなわち一六人以下の労働者を雇う小規模な事業所ということになる。しかし、より詳しく見ると、通常、ロシアの工業調査では、手工業者とは都市住人（町人）の小工業従事者を示したのに対して、クスターリ（кустарь）とは主に農村や都市住民の日常的な需要を充たす手工業的な小経営・家内工業に従事する農民を指し示していた。ただし、ここで「農民」というのは必ずしも村や部落に住み、農業に従事する農夫という意味ではなく、納税身分として法的に村落共同体に属する人々を意味した。これらの農民・クスターリ（親方、職人、徒弟）は、ある場合には建築工（大工、左官、屋根工など）や仕立工・製靴工などとして周辺の農村・都市を渡り歩き、顧客からの注文に応じており、ある場合には村内の小作業場で生産した製品（靴、帽子、繊維製品、櫛、茶器、食器など）を市（周市、大市などの定期市）で販売していた。北部諸県の農村部ではこうした職人（半農・半工の職人や専門職人）の住む工業村落が古くから多数存在していた。これに加えてロシアでも十九世紀初頭に繊維工業などで工場が設立されると、そこから原料（綿、糸）の前貸しを受け、賃仕事を行う家内労働者も現われた。これらの工業村落では賃労働者を雇用する比較的大きな事業所も現われ、その中には法的な意味で工場に含まれるものもあった。[5]

しかし、工場の一部がこうした工業村落の中から現われたことは疑いないとしても、その程度を過大評価することはできない。実際には、ロシアの工場の多くは、十九世紀に西欧諸国において工業化が進展したとき、その影響下で「商人」（купцы）――相応の納税義務を果たし、商業および工業を営むことを許され、徴兵免除などの特権を付与された富裕な市民階層――によって設立されたものである。そうした工場は都市だけでなく、時として農村にも設立され、都市の町人（мещане）（ギルドに相当する租税を支払えない非特権的な市民）と農民の両身分を労働者として雇いはじめていた。これらの商工業者層には外国人が加わっただけでなく、巨額の資本が英・仏・独などの西欧諸国からロシアに流入したことが、これまでの研究によって明らかにされている。[6]

さて、小工業と工場の両方はどのようなペースで成長しただろうか？　これまでの研究は、帝政ロシアにおける工業発展の水準を高く評価するものであっても、そのペースの緩慢さを示す結果となっている。なるほどロシアの工業生産が成長しており、労働生産性もそれに応じて成長していたことは疑いない。一例をあげると、ロシアの製鉄量は二十世紀までにフランスのそれを凌駕するまでに成長していた。[7]しかしながら、一人当たりの産出量を見ると、ロシアの生産量はフランスのそれの四分の一強の水準にあったに過ぎない。しかも労働力全体に占める工業従事者の比率を見ると、二十世紀初頭でもおよそ六・五パーセントにすぎなかった。さらに工業従事者の毎年の増加数は、ロシア帝国全体の労働力の増加から見てかなり小さなものであった。おおよその推計では、年々の総労働人口の増加百数十万人のうち約一四万人が工業に吸収されただけであり、多くは農業部門にとどまったと推定される。そして、この点こそが帝政ロシアの多くの経済学者がロシアの最大の社会問題と関連していると考えた事実である。要約すれば、それは農業における労働生産性の停滞と工業発展の低いペースという状況の中で農業人口が急速に増加するという状況、すなわちかつてクリフォード・ギアツがインドネシアの経済発展の分析に際して「農業インヴォリューション」(agricultural involution) と特徴づけたような状況にほかならない[8]。それはまた農村社会に人口圧力と「貧困の共有」とをもたらしていたという点から見ると、農村過剰人口問題と呼ぶことができる。この事実は今日ではまったく忘れ去られているように思われる。

では、こうした状況はどこから生まれたのであろうか。

(2)「土地不足」または農村過剰人口問題の形成

農村で急速な人口増加が生じており、高い人口圧力が生じてきているという状況を、ロシア農民自身は「土地不足」(малоземелье) と表現した。それは長期にわたる人口増加にともなって村落内の各農家の保有または耕作する土地面積が縮小してゆき、生産手段に比して過剰な労働力が生まれてくることを前提としていた。(日本では増田富寿氏の研究が先駆的にこの問題を取り上げている。)

しかし、この問題の全体的な含意を知るためには、次のような点を理解しなければならないだろう。

その一つは、それが一八六一年の農奴解放立法によって確定された土地所有関係——土地をめぐる地主(旧農奴主)と農民(旧農奴)との利害対立——と絡み合っていたことである。すなわち、農民は(法的に)ひとまず旧農奴主＝地主のものとされた土地を「分与地」(надел) として高額で買い戻さなければならず、そのために高い土地価格(買戻金)を地主に支払うことを余儀なくされた。しかも農民には買戻金をすぐに支払う能力がなかったため、国庫が肩代わりして土地証書をもって地主に支払い、農民は国庫に対して高率の償却金(元金と利子)を四九年半にわたって支払いつづけなければならなかった。さらに地主は農奴制時代に所有していた森林・牧草地・耕

表2　中央部委員会の調査結果　(単位：1プード＝16.38kg)

	農村人口（千人）	純収量（千プード）		1人当たり純収量（プード）	
		農民地	私有地	農民地	私有地
1861-1870	54,150	901,831	298,224	16.7	5.5
1871-1880	62,312	1,002,895	390,872	16.1	6.3
1881-1890	72,763	1,114,882	546,554	15.3	7.5
1891-1900	84,087	1,368,223	707,459	16.3	8.4

出典）　Материалы Высочайше учрежденной 16 Ноября 1901 г. коммиссии по иследованию вопроса о движении с 1861 г. по 1900 г. благосостояния населения средне-земледельческих губерний сравнительно с другими местностями Европейской России, I Частъ, СПб., 1903.

地の所有権を認められたばかりでなく、それまで農民たちが保有していた耕地の一部を切り取っていた。その結果、農奴解放後に地主の所有することとなった土地（私有地）は、農民階層全体の所有する総土地面積のほぼ三分の一に達した。しかも、こうした私有地は高い借地料で農民に貸し出されるか、さもなければ例えば西南部を中心とする南部の農業地域でそうであったように、農民労働力の雇用にもとづいて地主によって（またユダヤ人の借地人によって）経営された。

こうして生まれた農村両階級の利害対立が人口圧力の増加とともに昂進してゆき、より深刻な社会問題、すなわち土地問題をもたらす背景にあったことは疑いない。すなわち、限られた土地により多くの労働力が投下されるようになり、その結果、農作物の総収量は増加したとはいえ、労働生産性（働き手一人当たりの収量）は明らかに停滞していた。この事実は二十世紀初頭にロシア政府内に設置された諸委員会でも取り上げられるようになる。表2はそうした委員会の一つである中央部委員会の作成した統計であり、ここから見られるように、農民の分与地では一人当たりの穀物収量はほとんどまったく増加していない。これと対照的なのは西部と南部の農業地域、とりわけ地主私有地であり、そこでは一人当たりの穀物収量は比較的順調に増加している。しかも、ここでは——ライ麦生産を主とする中央部の農民分与地と対比的に――輸出用の穀物であった小麦生産への傾斜が見られる。しかし、本来のロシア諸県では、多くの農民は食糧を得るために高額の借地料（地主の不労所得！）を地主に支払うことを余儀なくされており、その借地料も土地需要の増加とともに高騰していた。

こうした状況は一八七九～八三年の第一次革命状況の時期の土地をめぐる対立・事件を導き、さらに一九〇二年の南部諸県の農民反乱、一九〇五～〇七年の第一次ロシア革命時の農民の急進的な土地要求、一九一八年の土地革命を導く要因となった。

(3)　農村のミクロ・コスモスと「土地不足」の政治社会学

ロシアの土地問題を理解するために重要となるもう一つの点は、それが農村内部のミクロ・コスモス＝村落共同体（сельское общество）、とりわけ農業共産主義的な土地制度と関係していたと考えられることである。これまでロシア経済史研究の多くが村落の土地制度に関心を寄せてきた理由の一つはこの点に関係している。

伝統的・農業共産主義的な土地制度（土地共有）は、一八六一年の農民法でも認められていた。それは、村落共同体の内部で誰に分与地の所有権があるのかという点に関して、①ドヴォール法（世帯別＝世襲的所有）のほかに、②オプシチーナ法（共同体所有）を認めていた。前者では土地は各世帯の世襲財産と考えられていたが、後者では土地が村落共同体農民＝世帯主全体の共有地と考えられ、土地割替（передел）を行うことが認められていた。その際、ほとんどの地域では、いずれの場合であっても、農奴解放後の最初の土地配分は、各世帯のドゥシャー（душа）、すなわち一八五八年の納税人口調査による男性人口、あるいはチャグロ（тягло）、すなわち労働力や夫婦数を主な基準として行われた。そして、二つのうちいずれを選択するかは、個々の共同体（家長たち）による決議に委ねられていたが、大ロシア諸県では共同体所有が一般的であった。

農業共産主義の第二の要素は、各世帯内における土地やその他の世帯財産が男子間の均分（男子がいない場合には女子や婿養子による相続）にゆだねられていることにあった。多くの場合、世帯内部の財産配分は世帯間の土地配分と等しい基準（男性人口、労働力）に従って実施されるのが通例であった。

ここで重要な点は、こうした土地配分方式は牧歌的な農村の情景を示すように見えたとしても、より多くの土地を求める農民の利己的で切実な要求を否定するものではなかったことである。実際、ゼムストヴォ統計が示すように、新規の割替によって土地を減らす世帯主はそれに反対し、逆に土地を拡大する世帯主は賛成するのが通常であった。

この土地制度の持つさらに重要な意味は、それが長期的に見てどのような働きをしたかにあった。

第一に、こうした土地制度の下では大家族がより広い土地を保有することになる。それに加えてそれは若者に土地取得のチャンスを与えることによって世帯形成を容易にする。それは早婚を促し、（そうでない場合に比べて）人口増加率を高めることになるであろう。事実、帝政ロシアはヨーロッパで最も急速な農村人口の爆発的成長を経験していた。だが、もしそうだとしたら、人口増加は個別世帯にとって土地を拡大する要因であるが、村落全体では土地不足を加速し、農業インヴォリューションの作用を通じて労働生産性の成長を阻害し、「貧困の共有」をもたらす要因となることになるであろう。それは一種の「合成の誤謬」ということができる。

第二に、こうした土地制度の下では、各世帯の家族構成が異なるため各世帯の土地保有・経営面積は著しく相違することとなる。実際、レーニンはその実証分析で、農民世帯の経営面積に生じている大きな分化という事実の中に農民層分解を認め、それを農業における資本主義的発展の証しとみなした。しかしながら、農業資本主義の発展を結論するためには、長期にわたる農民層分解の趨勢を析出することが必要であろう。実際には、A・V・チャヤーノフが農民経営の動態的分析にもとづいて示した説明の方がよりリアルな解釈と考えられる。すなわち、ロシア農村に見られた分化は基本的には「人口論的分化」であり、長期にわたる階層分解の趨勢を示してはいない。確かに一世代（二〇〜三〇年）の間に一群の世帯は（出生、世帯の融合など人口増加を通じて）保有・経営面積を拡大するが、他方で別の一群は（家族分割などにより人口を減らし）保有・経営面積を縮小する。しかも、ある時に下方に移動した世帯も別の時には上方に移行し、ある時に上方に移行した世帯もその後下方に移動するため、分解は一方向的には進まない(9)。

もとより分解をもたらす力がまったく作用していなかったわけではなかったことも確かである。その最大の要因は借地と土地購入であった。土地統計の示すところでは、借地によって経営を拡大したのは農民の中では相対的に富裕な者であった。また二十世紀初頭までにかなりの私有地が農民によって購入されていたが、これらの土地を入手したのも相対的には富裕な層であったことは疑いない。

しかし、こうした分解の要素を認めるとしても、それは現実の一部でしかなかった。むしろ「土地不足」に苦しむ農民大衆の高まる土地需要が地価と借地料とをさらに高め、土地購入や借地によって経営を拡大することを不可能とした。それは切実な土地不足を感じている貧農の「不当な高額不労所得」を得ている地主に対する怒りを増幅し、私有地を収用し平等に配分するべきであるという土地社会化の思想に対する共鳴板をもたらしていた。

こうして二十世紀初頭までにロシア帝国はその農村部に西欧社会では見られなかったような土地問題という爆弾を抱えることになった。本来、政治体制としてのツァーリズムは、「人民の父」たる皇帝の専制国家の特徴を強く帯びていたが、一九〇五年にそれは砂上の楼閣であることが明らかとなった。それは社会民主主義の影響を強く受けた労働者、自由と諸権利（立憲制）を求める下層市民、離反する諸民族だけでなく、農民大衆からの支持をも失っていた。帝政に対する支持はただ「私的所有の神聖不可侵性」にしがみつく地主と有産市民の階級（近代の西欧ではともかくも自由を支持した社会層）から来たに過ぎない(10)。

(4)　帝政期の経済発展の条件

ところで、このような状況はどのようにしたならば（例えば西欧のように）転換することができただろうか。直接生産者を生産手段（土地）から切り離すことが近代ヨーロッパにおける資本主義発展の基礎にあるとするならば、ロシアでも直接生産者を農業共産主義の土台から切り離すことが必要となるだろう。しかし、それは決して簡単ではない。

経済学の教えるところでは、経済発展において資本蓄積はいくつかの役割を果たす。それは潜在的な生産能力を高めるとともに、職を生み出す。このことは現代の先進工業国にとどまらず経済発展の初期段階についても当てはまる。とりわけ後者では、出発点で労働生産性が低く所得水準が低いために、投資額も小規模にとどまっている。その結果は低い貯蓄率と低い資本蓄積率である。実際、英独仏などと比較すると、二十世紀初頭のロシアにおける所得と投資はかなり低い水準にあったことはすでに見た通りである。

ロシアのヨーロッパ諸国との相違は農業と諸産業との間の所得と投資の配分にも示されている。西欧諸国ではすでに工業に比重が移っていたが、農村で人口爆発が生じているロシアでは、所得の多くが農村人口を養うために支出され、またそのために相当額の農業投資（住宅や農具・設備など）が行われた。それは（工業発展の初期段階に重要な）工業製品に対する農業からの購買力と工業投資を抑制せざるを得ない。

表３　ロシアの農業と工業における資本蓄積　（単位：百万ルーブル，百万人）

	農業			工業		
	資本ストック	付加価値	労働力	資本ストック	付加価値	労働力
1890	9,789.5	4,596.0	56.6	1,708.6	1,277.8	5.0
1900	10,327.8	6,666.0	63.8	3,177.4	2,799.2	6.8
1910	11,318.8	8,487.0	77.3	4,411.1	3,224.1	6.9
1913	12,120.0	10,089.0	82.1	5,413.1	3,894.8	8.6

出典）　Arcadius Kahan, Capital formation during the period of early industrialization in Russia, 1890-1923. Cambridge Economic History, Volume VII, Part 2. С. Г. Струмилин, Очеркн экономической истории России, Москва, 1960. Он же, Товарооборот России, Экономическое Обозрение, 1924, No.10. Он же, Наш довоенный товарооборот, Плановое Хозяйство, 1925, No.1.

このことは数量的には次のように示される。いま固定資本ストックをK、労働力をN、産出額をY、資本係数をσ（＝K/Y）、労働力一人当たりの資本装備率をρ（＝K/N）、労働生産性をλ（＝Y/N）、資本蓄積率をκとし、変化率を添字（ダッシュ）で示すとすると、定義から

$$K = \rho N \qquad \kappa = K' = N' + \rho'$$

ここで　$\rho = \sigma \cdot \lambda$　よって　$\kappa = N' + \sigma' + \lambda'$

この式に示されるように、資本係数を一定とすると、投資は人口増加を養う部分N´と、一人当たりの資本装備率を引き上げ、労働生産性の成長をもたらす部分ρ´とに分かれる。

以上の点を、アルカディウス・カーハンらの研究にもとづく実際の統計（表３）に照らし合わせてみると、ロシア経済はいわば二重構造を有していることがわかる。まず農業部門では、資本ストックが着実に増加しているようにも見えるが、実際には主に増加しているのは人口増加に伴う住宅建設であり、その結果、労働力一人当たりの資本装備率は停滞している。また労働生産性は停滞し、資本係数が上昇している（資本効率が低下している）。これに対して工業部門（特に大工業）では、資本ストックの成長率は高く（五・一パーセント）、労働人口の増加率

（二・四パーセント）を超えており、一人当たりの資本装備率も増加している。それは労働生産性のかなり急速な上昇をもたらした。

一八九〇～一九一三年の年平均変化率

	農業	工業
資本ストックK	〇・九パーセント	五・一パーセント
労働人口N	一・六パーセント	二・四パーセント
資本装備率 ρ	〇・七パーセント	二・七パーセント
労働生産性 λ	一・八パーセント	二・五パーセント
資本係数 σ	Δ二・五パーセント	〇・二パーセント

しかし、ただ二重構造を示すだけでは十分ではないだろう。というのもロシアの経済発展にとって決定的に重要な点は、農村の農業人口の急速な増加に比べて工業労働力の増加の抑制されたペースにあったからである。そこでいま農村人口の増加が抑制されるための条件として、工業が――資本装備率が同じと仮定して――増加する農村労働力の三分の一を吸収すると仮定する。この場合、新たな工業労働力の増加率にみあった資本蓄積率（資本ストックの増加率）は倍以上の一〇・三パーセントになる。

$$I^* = \Delta N_I / N_I + \rho_I' = 10.3$$

これは農業インヴォリューションを止めるための資本蓄積の側からの条件とみなすことができる。

⑸　最初の政策転換と代替案

さて、一九〇五〜〇七年は、ロシアの諸党派にとって正念場となった。この時に急進化した農民大衆が土地の社会化（私有地の没収と均等配分）を求め、それを民主諸派が支持する一方で、政府とそれを支持する諸派が対抗政策（ストルィピン改革）を打ちだしたからである。ロシア政府は、一九〇六年に農民大衆の土地要求と立憲派の要求とを拒絶し、外見的立憲制の下で外資導入を実現し、地主の大土地所有を維持しつつ、農民の共同体的所有を破壊することを軸とする開発政策を強行した。さらに政府は、一九一三年には農村過剰労働力を一掃するために優先相続制の形で一子相続制の法案を準備した。[11]

この開発政策が成功するためには、次のような条件が必要であったと考えられる。①それによって一方で農民世帯の二・三男からなる過剰人口が都市・産業中心地に流出し、他方では農村に残された農業者の下で労働生産性が上昇し、商業的農業が発展することによって農業から産業中心地への食糧と原料の供給が行われるようになり、さらに農家の増加した所得が工業製品に対する需要を拡大する。②工業の発展が生産を拡大し、より多くの農村労働人口を吸収し、また農村に対する工業製品（消費財と生産財）の供給を拡大する。③これに加えて上で示した投資条件が要求されるであろう。この新しいロシアの経済政策は、従前のロシアの発展経路を転換し、西欧（ただしエルベ河以東のドイツ）の開発モデルをロシアに導入することを目指したものということができる。

ちなみに、これに関して従来の少なからざる研究は、意識的か無意識的かを問わず、概ねレーニンの線に沿って、対立がプロシャ型の資本主義発展を求めるストルィピン改革か、それとも農民の土地革命を実現した上に成立するアメリカ型の資本主義発展か、をめぐる対立にあったという前提に立っていた。しかし、以上の分析からは、そうした議論がかなり疑わしいことが明らかとなろう。問題の焦点は、農民の土地要求の実現がはたしてアメリカ型の資本主義発展のための社会的条件になりうるか、という点にある。しかし、そもそもロシアの土地問題は共同体所有を前提とした農業インヴォリューションの上に発現してきたものであり、農民の求める土地革命（土地の没収と平等配分＝土地社会化）は一時的に農民の「土地不足」を緩和することはあっても、アメリカ型の農民層分解を進める出発的になるという見通しは成立しえないことを示しているように思われる。この問題を周到に検討したマックス・ヴェーバーや、ヴェーバーが依拠したロシアの多数の経済学者もレーニンとまったく異なった立場に立っていたこと[12]に注意しなければならない。

また、その後の実際の歴史を見ても、一九一八年の土地革命の中で、ボリシェヴィキ政権は農民の要求に応えて地主所有地の没収と（かなりの程度の）平等配分を実現し、共同体所有を容認したが、それはその後の経済成長にとってむしろ決定的に不利な条件をもたらした。それが対外的には工業化にとって必要な外資の獲得の条件――西欧諸国への穀物輸出の途絶と外資流入――を困難としたことも重要である。だが、もっと重要なことは、農業インヴォリューションがさらに力を増したことにある。なるほど、一九二〇年代のネップ下の混合市場経済体制はうまく行っていたようにも思われる。それは一九二六年頃にソ連経済が一九一三年の水準にまで回復したことにも示されている。しかしながら、多くの証拠はネップ期のソ連経済が一九一三年の水準に回復するにつれて経済成長率が減衰していたことを示している。そして一九二〇年代末にはまたしても農村過剰人口問題が大きな問題として意識されはじめたことに注意しなければならない。

このように見るならば、二十世紀初頭のロシアで提示されていた二つの代替案の中では、（残念ながら！）ストルィピン土地改革こそがロシア資本主義の発展を促す政策への根本的な転換を用意するものであったといえよう。だが、それは世界でも最も早熟的な権威主義体制＝開発独裁の成立を意味していた。かくして二十世紀初頭のロシアの悲劇は、一方で権威主義体制の下での東エルベ型の開発政策（ストルィピン改革）と、他方で経済発展から見ると逆行的な土地社会化（農民大衆による私有地の没収と平等配分）という二つの代替案が提示されていたことにあるということができる。

第２節　ソ連体制の成立

(1)　ソヴィエト初期の状態

一九一七年の革命後、土地革命（一九一八年）、戦時共産主義（一九一九〜一九二一年初頭）およびネップの時期（一九二一年以降）と続くソヴィエト初期に、工業化と経済発展をめぐる条件・環境はどのように変わったであろうか。ここでは、多大の研究成果が上げられている個別時期の事件史に関する研究史は措き、長期的趨勢から検討するにとどめよう。

①　革命の直接の帰結

これまでの研究は一九一八年の土地革命が一九〇六年以降のストルィピン政策が意図した共同体所有の廃絶にどのような状況変化をもたらしたか、必ずしも明確にしていない。しかし、土地革命が農民の土地利用＝保有をより均等化したことは疑いない。無償で没収された私有地は農民地に組み込まれ、――フランス革命の結果とは異なり――その多くが貧農世帯に配分された。このような借地関係の廃絶と農民下層の土地関係の改善は二〇年代に農民階層全体の穀物消費量を拡大したと考えられる。ただし、戦時共産主義の時代に工業従事者（工場・小工業者）の数は激減し（脱プロレタリア化）、それとともに工業生産と農業生産は著しく低下した。これはソヴィエト初期の経済発展の条件を著しく悪化させた。

帝政ロシアの経済発展を推進した他の諸条件も消滅した。第一に、農民層全体の穀物消費量はともかく農村・農業外への穀物流通が縮小し、とりわけ西欧諸国への穀物輸出が激減した。それはロシア都市と工業への食糧原料供給の縮小を意味しただけでなく、西欧諸国から資本財を輸入するための条件が消滅したことを意味した。第二に、一九一八年の帝政期の外債の返済を拒絶する布告は外資への依存の道を最終的に閉ざした。

②　インヴォリューションをどのように終焉に導くのか？

もちろん、こうした状態は部分的にネップ期の復興成長の開始とともに変わり、一九二六、七年頃には工業生産も農業生産も一九一三年の水準にまで復興する。しかし問題は、復興成長の内実であり、また復興成長が終了した後のソ連の開発戦略という点にあった。

むしろ一九二六年以降の時期こそ、一国社会主義の枠中で新たな開発体制をどのように構築するかが最も枢要な課題となったのであり、それこそが一九二〇年代の工業化論争の背景にあった当の事態であった。

周知のように、この論争は最終的には一九二九年十二月の政治局決定によって実現されることになる全面的な農業集団化による上からの工業化に収斂してゆくことになる。スターリンの名前と結びつけられるこの政策は、国家の行政権力による資源配分のメカニズムによって、すなわち全面的な農業集団化（コルホーズ化）を通じて政府の穀物調達（工業中心地への食糧・原料の供給）と農村から工業中心地への労働力移動を実現し、さらに中央集権的な資源配分を通じて急速な工業化を達成した。その中心が農民階級全体の意思に対立する上からの強権の発動にもとづいていたことは否定すべくもないが、同時にクラーク（農村の富農層）に対する貧農大衆の階級的利害の名の下に遂行されるに至ったという側面を持つことは否定しえない。

ここではその過程を具体的に示すことはできないが、長い時間の観点から次の点を確認しておこう。注目されるのは、一九二〇年代にも農業インヴォリューションの状況が続いていたことである。むしろ農村では人口がかつてないほどの高い率で増加するようになり、しかも家族分割の結果農民世帯の増加も新たな規模に達した。それは工業化にとって不利な条件が継続していることを意味していた。だが、そうした発展経路を変えるためには何が必要だったか？　Ｅ・Ｈ・カーがいみじくも指摘したように、「工業化のペース」を速めることであった。ソ連邦は毎年二・二パーセントの割合で人口を増加させる「人口爆発」の最中にあり、増大する人口を処理するただ一つの解決方法は工業生産を拡大することであったように思われたのである。

「ソヴィエトの工業化に関する議論において、欧米の大部分の批評家は、あるいは人道的な理由から、あるいは経済学的理由から、ブハーリンとルィコフの味方をしてきている。しかし、もしより低い工業化率が採用されていたら農村人口がどうなったかを熟考することは、流行らないのである。[13]」

しかも、より注目されることは、ソ連の政治指導者たちがそのことを明確に認識していたことである。例えばスターリンは、一九二八年一月二十日のシベリア地区委員会で次のように発言した。

私が最初に強調しなければならない事実は、わが国は最も小農的な国の一つになったことである。革命前には約一五〇〇万の個人農がいた。この数字が正確かどうか言うのは難しいが、それが事実に近いと信じることができる。さて、革命後何が起こったか？　現在、個人農の数は二五〇〇万に増加した。ここでは地主が廃止され、大農場がなくなり、農民経営の利用する土地面積が拡大したことが重要であるが、われわれにとって重要なのは分割（дележа）が生じたことである。わが国で見られるような農業のそのような発展経路の下では、一〇年ごとに新しい分割の波が現れると思う。農業人民委員部には分割を制限する法律があるが、そうはならないであろう。分割は生じる。そして、現在の要因の観点から見てわが国は最も小農的な国の一つとなるばかりでなく、展望の観点から見てそれがさらに進み、われわれが農業の経路を変えないならば、小農の国として発展することになるであろう。(14)

もとより、工業化の推進にとって有利なようにロシア・ソ連の農業問題を解決する方策は必ずしも第一の方策に限定されていなかった。一九二〇年代を通じて少なくとも二つの代替案が提示されていたことが明らかにされている。第一の代替案は、少なくともネップ型市場経済を維持したままで――少なくともある種の――西欧型の工業化モデルを追求しようとするものであった。それは、悲劇的な最後を遂げたN・D・コンドラチェフの名前と結びつけられるが、党と政府の中にも少なからざる支持者を見出していた。その要点は、ロシアの工業化を阻んできた伝統的要素（農業共産主義）を廃絶し、ちょうど十九世紀中葉のドイツ人経済学者フリードリヒ・リスト(15)が考え、また一九〇六年にストルィピンが試みたように土地の私有化と優先相続制（覆面をした一子相続制）の導入によって過剰な農村人口を工業部門に移すことにあった。(16)この方策は、もし実現されていたならば、結局、ファーマー（富裕な農夫）を担い手とする商業的農業と工業との国内分業にもとづく発展を実現することに帰着したであろう。これとは若干異なる第二の代替案は、チャヤーノフの名前と結びつけられる。それは農民が望む範囲と速度で伝統的要素を維持または変えながら、農村市場の発展と農村の在来小産業の自生的発展を促すことを展望していた。それはロシア農村の内発的進化に立脚する一種の農民共和国の立場であり、工業化のペースについてはかなり限定的なものとせざるを得なかったと想定される。だが、コンドラチェフやチャヤーノフの代替案は結局スターリン体制によって受け入れられるところではなかった。

(2)　計画経済の成立と大転換

実際の歴史を見ると、一九二九年の大転換は、全面的な農業集団化を通じて農業から工業への大規模な人口流動をもたらすことによって農業人口の劇的な減少を実現し、農業インヴォリューションの終焉をもたらした。それはまた集団化された経営からの穀物調達とその配分を通じて都市と工業中心地における膨大な資本装備(道路・港湾、建物、機械など)の建設を実現することに成功し、流入する労働者のための大量の職を生み出した。この点から見るならば、ソ連体制の成立の少なくとも一つの意味は、帝政ロシアから受け継いだ最大の経済問題を解決するための特殊な開発体制を生み出したことに求められるだろう。もちろん、それが一九三二年の農村における飢饉をはじめ一九三〇年代に多大の犠牲を強要したことは否定すべくもない。しかし、それにもかかわらず、この体制の下で経済成長率がしだいに上昇してゆき、「大祖国戦争」による中断を経て一九五〇年代にピークに達したという事実は否定できない。公式統計では成長率は一九五〇年代に一〇パーセントに達し、近年のかなり低められた修正値でも七パーセントを超えていた。[17] それは帝政ロシア時代、ソ連期、移行経済の現在と比較しても高い水準にあり、近年のアジアNIEsの成長率にも匹敵する。

こうした高成長率が資本蓄積と関連していたことを理解することは難しいことではない。ロイ・ハロッドやエヴセイ・ドーマーの投資の二重性を軸とする成長理論では、投資は有効需要と生産能力を高め、また雇用(労働需要)を拡大する(ND = ρK/λ)。

かくして要約すると、長いタイムスパンから見て、ソ連の大転換は、ロシアという巨大な開発途上国におけるプ

表４　ソ連経済の諸指標　（単位：10億ルーブル，百万人）

	就業者	MNP（1973年固定価格）	生産固定資本（1973年固定価格）	資本効率	労働生産性（ルーブル／人）	MNP成長率（%）
1960	62.0	132.8	236.6	0.561	2,142	
1965	76.9	186.4	360.0	0.518	2,424	40.4
1970	90.2	279.3	531.0	0.526	3,097	49.9
1975	102.2	372.3	805.0	0.462	3,643	33.3
1980	112.5	459.8	1,150.3	0.400	4,087	23.5
1985	117.8	542.3	1,569.3	0.346	4,604	18.0

出典）　Народное Хозяйство в СССР 1987 г. и 1990 г.
注）　上記資料より筆者計算分を含む。

ロシャ型の資本主義発展に対する代替案——一連の累積的経路を経た上での代替案——であったということになるだろう。

(3)　計画経済の長期的パフォーマンス

しかし、話はこれで終わりではない。というのは、ソ連の計画経済体制の長期的な発展能力がどれほどのものであったのかが問題となるからである。

現実のソ連の成長率は一九五〇年代に頂点に達したのち、一九六〇年代から低下の一途をたどり、一九八〇年代のペレストロイカの時にはほぼゼロ成長となっていたとされる。ソ連の経済統計の示すところでは、そうした減速が資本効率（фондо-отдача）の低下およびそれに関連する労働生産性の停滞と関係していたことは疑いない。だがより重要な点はそれが本質的に計画経済の作動様式に由来するものなのかという点にある。

最後にこの点についてごく限られた観点からであるが、概観しておこう（表４）。

ソ連内外の研究者が明らかにしてきたように、計画経済の全時代を通じてソ連における資本蓄積の顕著な特徴の一つは、古い資本装備の更新

（реконструкция）ではなく新建設（новая конструкция）が常に優先されていたことである。旧設備の更新ではなく新しい工場を建設するという「外延的な発展」は、計画経済の初期にとどまらず、一九六〇年代以降も通常のやりかたとなり、投資総額に占める新建設の比重は八〇パーセントを超えていた。そして、それは次のような要因によって資本効率の低下をもたらした。[18] ①老朽化した資本装備を維持するために巨額な修理・維持費が支出されなければならず、その額は全投資額の三分の一に達していた。②新建設の期間は数年の長きに達し、それは更新投資の場合より巨額の資金散布を要した。③通常更新投資が新しい職をほとんど生み出さないのに対して、新建設は多くの新しい職を生み出し、その結果、旧工場から新工場への労働力の移動をもたらす。それは計画機関が「労働力の不足」と呼ぶ事態をもたらすだけでない。とりわけ変化のペースが急速な場合には、それは新しい産業・地域・企業への資本と労働の再配分をひきおこし、それによって物理的には時代遅れでない企業の閉鎖をも余儀なくする。これらの事情は巨額の調整費用を必要とするようになり、大転換から一定の年数が経過したのち（例えば二〇年後）は成長率の減速をもたらさざるを得ない。ウラディーミル・ポポフの修正ドーマー・モデルは、このような投資のライフサイクルを示すことによって、実際に成長率が大祖国戦争を挟んで一九五〇年代に頂点に達し、その後一方的に低下した事実を説明している。[19]

だが、それならば新建設から更新に投資の重点を移し、資本効率の低下を克服することが考えられるが、そのような方策は計画経済の下で実現不可能だったのだろうか。ソ連経済の作動様式に通じたロシアの経済学者（例えばポポフ）の認めるところでは、新建設の選好は計画システムの原理から必然的に生まれ出たものであった。企業にとっては、評価の主要な基準は総量計画（план по валу）であるが、資本装備の更新は工場の操業停止（したがって産出量の低下）をもたらすため、それが選好されることはありえなかった。仮に更新が瞬時に行われたとしても、その産出量増加効果は新建設の場合よりも短期的には少なかった。他方、計画システムの下で何百万種類もの製品の生産の均衡を達成するのは不可能であった。至るところで「不足」が生じており、計画機関にとっては新建設こそがこうした不足に対処するための短期的な主要手段であった。ところが、投資が新建設に向けられても、それは（別の分野で）あらたな不足財を生み出した。「すべての計画過程が激しい不足の根絶に係わる強制された決定の不断の連鎖であり、不足は計画機関がそれを正すよりも急速に生じた。」

こうして短期的利益の優先は長期的な利益を損なうという結果（合成の誤謬）をもたらした。ここに示した事情の通りであるとすれば、計画経済は帝政ロシアから続く問題を解決したのちしばらくして機能不全への道を歩みはじめたということになるだろう。

おわりに

以上示してきたように、多くの研究は、帝政ロシア（およびソヴェト初期）では特徴的な土地問題（農業インヴォリューション）が最も本質的な社会問題であり続け、それが多くの西欧諸国と対照的に産業社会への転換を難しくしており、そのことがロシアに根本的な開発戦略を一度ならず変更することを余儀なくさせたことを示している。しかも、ロシアが大国ドイツに隣接していたことがそこにおける権威主義体制の早期的な成立を、ついで開発体制としての計画経済体制の形成を導いたと考えられる。

より根本的に考えると、こうした発展経路をロシアがたどることになった背景には、マルクスとヴェーバーが問題とした問題、すなわち所初における西欧の封建制（feudalism）とロシアの家産制（patrimonialism）の相違、さらにはその背景にある家族や共同体の差異という歴史的事情があったように思われる。[20] マルクスの見解では、近代の西欧社会では封建制から近代社会への移行の過程で、「私有の一形態〔封建的フーフェ制〕から私有のもう一つの別の形態〔資本主義的領有〕への転化」が生じたが、ロシアでは（出発点において土地共有にもとづく古風な農業共同体が支配的であり）農民の土地が私有であったことはないのであるから、西欧の発展に関するマルクスの分析がロシアにあてはまることはありえなかった。ヴェーバーも、これとは幾分異なる視角からであるが、ロシアでは家産制と農業共産主義の土壌の上にエルベ以東のドイツ（封建的西欧社会）で見られない特有の土地問題が生じており、ロシアの発展を西欧と異なったものとしていることに注目していた。二人とも革命後の経済（計画経済の成立とそのパフォーマンス）を見とどけることはできなかったが、ロシアの発展が西欧から見て特徴的なものとなる背景を注視していたといえよう。

だが、計画経済は一つの経済体制としては存続しえなかった。現在の時点から見ると、それは伝統的な家産制社会から近代社会への一つの迂回路にすぎなかったようにもみえる。とはいえ計画経済が失敗したことは資本主義経済体制に特有の問題性を否認するものではない。むしろ生産者と生産手段の分離の上に成立する現代の経済には共通する困難な問題がある。そのことは過去のロシアの経験からも、また現在のロシアが資源依存国に特有の問題（オランダ病）にとどまらず、世紀の「窃盗」と呼ばれた民営化、その中から生れたオリガーキー（олигархия 独占的な新興財閥）の問題、労働問題を中心とする新しい社会問題に悩まされていることからも明らかである。

[注]

(1) テオドア・シャーニンは文字通り「異質性のルーツ」を問題とした。Teodor Shanin, *Russia as a 'Developing Society'; The Roots of Otherness: Russia's Turn of Century* (Basingstoke: Macmillan, 1985). またアレクサンダー・ガーシェンクローンの古典的ともいえる著書を参照。Alexander Gershenkron, *Europe in the Russian Mirror* (London: Cambridge University Press, 1970).

(2) 本章の叙述の前提となる統計・資料については、拙著（『帝政ロシアの農業問題』未来社、二〇〇〇年）、*Agricultural involution in late imperial Russia*, NUSS, 2005, 肥前栄一・鈴木健夫・小島修一・佐藤芳行訳『M・ウェーバー　ロシア革命論Ⅱ』名古屋大学出版会、一九九九年、を参照。

(3) S. Prokopowitsch, *Über die Bedingungen der industriellen Entwicklung Russlands* (Tübingen: J.C.B. Mohr, 1913), S.25.

(4) P. Gregory, *Russian National Income, 1885-1913* (Cambridge: Cambridge University Press, 1982), Table D.2.

(5) トゥガン・バラノフスキーの古典的な著書が今の時点からみてもバランスのとれた叙述を与えている。M.I.tugan-Branovsky, The Russian Factory in the 19th century, Translated from the 3rd editon, 1972.

(6) ロシア企業投資の国外市場依存の著しい高さは、伊藤昌太『旧ロシア金融史の研究』八朔社、二〇〇一年、二七頁以降を参照。

(7) M・E・フォーカス（大河内暁男・岸智子訳）『ロシアの工業化』日本経済評論社、一九八五年、八三頁など参照。

(8) C・ギアツ（池元幸生訳）『インヴォリューション　内に向かう発展』NTT出版、二〇〇一年。ただし、ギアツがインヴォリューションを生態系と関係づけているのに対して、本章では共同体的土地所有に関係づけようとしている。

(9) チャヤーノフ（磯邊秀俊・杉野忠夫訳）『小農経済の原理』大明堂、一九五七年。共同体内における世帯の動態については、トゥーラ県ゼムストヴォ統計とその分析がある。これについては、次の研究も必読。Teodor Shanin, *The Awkward Class: Political Sociology of Peasantry in a Developing Society, Russia 1910-1925* (Oxford: Clarendon Press, 1972).

(10) 一九〇五～〇六年の政治史については『M・ウェーバー　ロシア革命論Ⅱ』参照。

(11) 詳細は、拙稿（「帝政ロシア末期における農業問題と「農民小所有地」相続法の審議」『新潟大学経済論集』二〇〇三年三月、第七四号）参照。

(12) 肥前栄一『比較史のなかのドイツ農村社会　『ドイツとロシア』再考』未来社、二〇〇九年、二三〇頁以下。

(13) E・H・カー（南塚信吾訳）『ロシア革命の考察』みすず書房、一九六九年、一七三頁。

（14）Известия ЦК КПСС. 1991. № 6 (317). С. 203.

（15）F・リスト（小林昇訳）『農地制度論』岩波書店、一九七四年、一八六頁以下。

（16）コンドラチェフの考えは、次の中に見られる。Аграрный вопрос. О земле и земельных порядках. М., 1917 ; Партия и оппозиция накануне XV съезда ВКП(б). Сборник дискуссионых материалов. Вып. 3. М.-Л., 1928. またスターリン派からの批判的言及は次の中にある。*Лацис М. И.* Аграрное перенаселение и перспективы борьбы с ним. М.-Л., 1929.

（17）Mark Harrison, "Soviet Economic Growth since 1928 : An alternative statistics of G.I.Khanin," *Europe-Asia Studies*, 44, no. 1 (1993), pp. 146.

（18）ソ連の投資の諸問題の概略については、A・ノーヴ（大野喜久之輔・家本博一・吉井昌彦訳）『ソ連の経済システム』晃洋書房、一九八六年、一六一〜一八一頁。*Лавтух К., Лавровский В.* Производственный аппарат страны : использование и реконструкция.// ЭКО. 1982. № 2.

（19）①老朽化と摩耗による資本装備の実際の除却G（t－m）と更新投資R（t）とを区別する。ここでmは資本の耐久期間であり、t期の除却はm期前の粗投資G（t－m）に等しい。通常の市場経済では資本装備は物理的にだけでなく技術的にも時代遅れになるため、R(t) VG(t－m）となるが、ソ連では逆である。②所得の増加は、固定資本ストックの増加だけでなく、①〜③の理由から総投資に占める更新投資の比率に比例する。このモデルは、大転換から二〇年後に成長率が減速を示すことを示す。Vladimir Popov, Life Cycle of the Centrally Planned Economy : Why Soviet Growth Rates Peaked in the 1950s (website).

（20）K・マルクス「ヴェラ・ザスーリチへの手紙」（大内力編訳『マルクス・エンゲルス農業論集』岩波文庫、一九七三年所収）、M・ウェーバー前掲書。

第6章　ソ連経済史研究の新しい流れ

上垣　彰

はじめに

筆者は、大学院生時代ソ連経済史を勉強し、ロシア革命直後の経済建設構想やネップ期の都市・農村間経済関係について二、三の論文を発表したこともあるが、その後いくつかの事情が重なって、研究テーマを現在のもの（現代ロシア・東欧の国際経済関係）に移した。新しい研究テーマに移ってからもソ連経済史の問題には知的興味を失わなかったものの、アルヒーフ（文書館）で原史料をくまなく点検するような近年の研究スタイルに筆者がついていけるとも思えず、プロの研究者としてそのような作業に関与することは避けてきた。しかし、最近になって、たまたま過去一〇〇年以上にわたるロシアの経済統計の収集・再構成を行うプロジェクトに参加させてもらったことがきっかけとなって、歴史への情熱が再燃し、アルヒーフ史料の解読を通じた新しいソ連経済史研究を行う他の人々の成果に学びながら、それを現代の問題とつなぐような役割なら、筆者にもできるだろうと考えるに至った。したがって、一種の文献展望である本章は、最新の経済史研究に学んで、それを自分の現代経済研究に生かそうとする試みである。ただし、ここで取り上げるのは主に英語文献である。これは、現代日本のソ連経済史研究では、英語文献の咀嚼・検討が十分に行われていないのではないか、という筆者の問題意識に基づく。

第1節　アルヒーフ史料全面公開後の経済史研究：ポール・グレゴリー

現代のソ連経済史研究を語る際に逸することの出来ない名前はポール・グレゴリーである。[1] 一節を設けて彼の研究について論じるのは、彼が、欧米における、アルヒーフ史料に基づく新しいソ連経済史研究を先頭に立って推進してきた代表的研究者だからだ。グレゴリーは、一九七〇年代初めにソ連経済に関する見通しのよい優れた教科書をロバート・スチュアートとともに執筆出版して有名になり（Gregory and Stuart 1972）、[2] 一九八〇年代初頭には、経済統計の綿密な分析によって帝政ロシアの国民所得を推計する仕事（Gregory 1982）を行って学界の高い評価を受けた。

このようなヴェテラン研究者が、ペレストロイカが開始されると、新しい方法に基づくソ連経済史研究に邁進していく。一九九〇年には、ソ連経済の基本問題としての官僚制に焦点を当てて、公刊文献とインタヴュー（ソ連からの亡命者で、経済官庁で働いていた五〇人に対するもの）に基づいてGregory（1990）を執筆した。ソ連崩壊後、彼の活躍は加速度的に目覚ましいものとなっていく。開放されたソ連政治・経済史関係のアルヒーフ史料を、職人的な手仕事としてではなく、作業チームを組織して、網羅的に収集解読する作業を、先頭に立って開始したからである。彼は、一九九二年にスタンフォード大学フーヴァー研究所が、ロシア連邦アルヒーフ問題国家委員会（現ロシア連邦アルヒーフ局［Росархив］）との間で、アルヒーフ情報・マイクロフィルムの交換、マイクロフィルム作成の組織化に関する協定[3]を結んだのをきっかけとして、アルヒーフ史料に基づく新しい研究の波を作り出していく[4]（Hoover Institution 2004, Gregory 2001, viii）。彼の研究スタイルの特徴は、国際的な研究者を糾合して、いわば分業体制のもとに研究を進めていく点にあり、その最初の成果は、Gregory（2001）に結実した。本書には、R・W・デイヴィスやマーク・ハリソンといったイギリスのヴェテラン研究者がアルヒーフ史料に基づいた力作を寄稿しているが、グレゴリーとフーヴァー研究所の組織的援助が彼らの研究を側面から支えたことは想像に難くない。二〇〇三年には、ロシア人を中心とする若手研究者のチームを率いてGregory and Lazarev（2003）を出版した。また、二〇〇七年には三巻本のソ連共産党政治局速記録（Anderson et al. 2007）の編纂に関わり[5]、その強力な組織牽引力を遺憾なく発揮した。こうした中、グレゴリー自身はGregory（2004a）やGregory（2009b）という自らの単著を出版している。双方とも、何でも一人でやろうとせず、チームの作業の成果を十分に咀嚼しそれを利用しようとする態度で貫かれている[6]。

以上のように、グレゴリーの研究を組織化する能力は特筆すべきものであり、彼なくして今日の欧米におけるソ連経済史研究の隆盛は考えられない。では、グレゴリー自身の研究はどのようなものであろうか。

第一に指摘できることは、彼の研究は、経済理論を基盤に置きつつ、それによって現実に起こった事態（これ自体はアルヒーフ史料によって明らかになる）を論理的に説明しようとする志向が非常に強いことである。彼の主著、Gregory（2004a）の第四章は一九三〇年代の投資循環問題を扱っている。投資循環（investment cycle）問題とは、いかなる犠牲を払ってでも投資を最大化しようしたスターリン指導部の姿勢にもかかわらず、一九三〇年代に二度大きな投資減退が記録されたことを指す。この問題をグレゴリーは、ジョージ・アカーロフの「公正賃金―努力モデル」を当てはめて説明する。すなわち、同モデルは、人々が、自ら「公正」と認める賃金以下では、最大の労働努力を払わないという「原理」を前提としつつ、投資を増加させるような生産の増加が、次期の労働者の期待

「公正」賃金水準を引き上げ、従前の賃金水準のままでは彼らの労働意欲を減退させ（あるいは、投資とトレードオフ関係にある消費水準を引き上げ）、それが結果的には投資額を減退させることを示唆するが、グレゴリーは、まさにこのことがソ連の一九三〇年代に起こった可能性を主張するのである。

経済理論とアルヒーフ史料による新しい経済史学との関係と言えば、経済学的モデルによってソヴィエト体制下の政治テロルを分析したグレゴリーの試みにも言及しておくべきだろう。Gregory（2009a）は、「忠誠心」（L）と「抑圧」（R）との組み合わせから独裁者の「権力」（P）の大きさが決まるモデルを提示する（あたかも、二商品の組み合わせから効用の無差別曲線を描くように）。彼によれば、独裁者はPの増大を目的にRを大きくしようとするが、R自身は秘密警察員（チェキスト）の数、およびその仕事の「生産性」（一人当たり何人の「反革命分子」を摘発できるか）の関数である。チェキストの数を野方図に増やすことが出来ないとすれば、「生産性」を向上させるほかない。グレゴリーは、この「生産性」を向上させる手段が、正規な裁判手続きをバイパスした摘発・判決システム（トロイカ）、証拠なしの自白（しばしば拷問によって得られる）のみを基礎とした判決、無実の罪で人を告発することを恐れぬ雰囲気などであったというのである。また長期的には、LとRとはトレードオフの関係にあるという。過度のRはLを減退させ、ひいては、Pを低め独裁者の地位を危うくする。グレゴリーは、スターリンによる一九三八年十一月の大テロルの突然の中止やスケープゴートの案出をそのような枠組みから説明しようとする。この政治テロルを経済学の方法論によって解読しようとする「テロルの経済学」とでも称すべきものは、生じた事態のあまりに重い意味と比較してスウィーピングにすぎるとの印象を読者は持つだろうが、いかに異常な事態でも論理的な説明を付して理解しようとする態度は軽く評価すべきではない[7]。

以上のように、グレゴリーのソ連経済史研究は、理論と歴史的事実との対話によって、ステレオタイプではない、現代につながるソ連理解を提示しようとするものであると評価できる。ソ連の社会主義実験は、経済学的に間違った考え（マルクス経済学）に基づいて一部の異常な人物（レーニンやスターリン）が、大多数の意志に反して実行したものであり、それを歴史的に詳しく調べる必要などそもそもない、とする清算主義的思考法が広がっている今日の状況の中で、グレゴリーのとっている研究法は、我々を再びソ連経済史の興味深い事実に連れ戻す一つの工夫かもしれない。

筆者は、このようにグレゴリーのこれまでの研究上の貢献を高く評価するものであるが、彼の研究は大きな問題を抱えているとも考えている。それは、上記の理論と歴史的事実との対話を試みるというグレゴリーの姿勢そのものと関連している。このような姿勢は、どうしても、特殊よりは一般を、事実よりも教訓を、驚きよりも確認を重視する研究を生み出す。そのため、歴史の襞に分け入って豊かな叙述を積み重ねるということがない。これは、単なる読書の好みの問題ではない。スターリン時代のような複雑な時代を取り扱うには、歴史の中の短期的な動きに留意し歴史の結節点はどこにあったかを問う問題意識が重要であるのに、上記のような姿勢はこのような問題意識を生み出さないからだ。たとえば、グレゴリーは政治的抑圧（テロル）には、「循環性」があったという。ここで「循環性」とは、「クラーク解体」、「党エリートのパージ」、「エジョーフシチナ（一九三七／三八年の大政治テロルを指す。内務人民委員部長官だったエジョフの名に由来する）」、「戦争の遂行とその後」といった被抑圧者数のグラフの山が突如高まる時期がある一方、被抑圧者数が減少して「正常化」する時期もあるという事態を指す。グレゴリーはその理由を、「排除モデル」および「抑圧者のジレンマモデル」によって説明する。「排除モデル」は、独裁者が自らを排除する可能性のある敵の力（敵の数と能力の積）がある閾値を超えると新たな抑圧キャンペーンが始まるとするモデルであり、「抑圧者のジレンマモデル」は、一旦抑圧が始まると「囚人のジレンマ」と同じような状況にある地方治安機関が、互いに争うように抑圧者の数を高め、「抑圧のバブル」が生じるが、自身への忠誠心が崩壊するのを恐れる独裁者が、抑圧を中止させることによって「バブル」が終焉するというモデルである（Gregory 2009b, 259-261）。このモデルによる歴史解釈は、ユニークな角度からスターリン時代を見ることを我々に教えてくれるが、従来の政治史研究に慣れ親しんだものにとっては、重要な論点を見逃しているとの印象はぬぐい去れない。スターリン時代に関する優れた政治史的研究である富田（一九九六）やフレヴニューク（一九九八）を見ると、いくつかの結節点を経ることによって、社会全体が、行きつ戻りつしながらも、[8] 一九三七／三八年の「大テロル」へと発展していったことがわかる（富田 一九九六、一一一〇四、フレヴニューク 一九九八、二一一八五）。事態の展開を「循環」と見るか「発展」と見るか、ここに重大な問題が潜んでいるように思える。グレゴリーは「循環」と見ることによって、なぜあの時期にスターリンの政治テロルが頂点にまで達したのか、という根本問題をわきへ追いやることになったのである。

理論と歴史的事実との対話を重視するグレゴリーの方法は、もう一つの重要な要素を等閑に付す結果を招いた。それは、地方の問題である。ある地方に起こったことが他の地方でも起こるとは限らない。党中央の決定がある地方ではスムースに実行に移されたのに他の地方ではそうではなかったということもあろう。また、党中央がある地方の問題に関心を集中し、そこで生じた中央―地方関係の型が他の地方に波及するというダイナミズムにも我々は関心を向ける必要がある。グレゴリーの方法は、総量や平均値を問題にするため、どうしてもこのような問題を十分にくみ上げることが出来ない。グレゴリーの方法による地方の問題の等閑視は、農業問題を彼が語るとき、最もその欠陥を露にする。Gregory（2004a）の第二章は農業集団化について論じているが、それは誠に平板な分析と言わざるを得ず、近年の集団化研究の成果を生かしているとは思えない。特に、彼は、プレオブラジェンスキー流の農業から工業への価値の汲み移しとスターリン権力との関係にこだわっている一方で、ある地方の状況が他地域へと波及するメカニズムには注意を払っていない。

グレゴリーは、卓越した組織力で欧米のソ連経済史研究を先導してきた。その研究は、理論と歴史的事実との対話を試みることで新鮮な歴史の見方をわれわれに提示する一方で、歴史の機微にわたる部分ではややスウィーピングな対応を示した。グレゴリーの研究は、よくも悪くも、現代のソ連経済史研究の現状を象徴している。[9]

以下、筆者の関心にそって、個別問題に関する新しい研究状況を説明していこう。[10]

第2節　問題別研究状況

(1)　強制収容所労働の経済学

強制収容所労働は、上記の「政治テロル」の問題と表裏一体の問題といえるが、それ自体に独自の研究上の意義がある。というのも、ソ連史上の強制収容所労働を、経済的観点からすなわちソ連の経済開発事業における労働力の問題としてとらえようとする研究が活発になってきているからである。これを「強制収容所労働の経済学」と名づけることができるであろう。

今日の新しい「強制収容所労働の経済学」の特徴は、従来は体験者の回想録等に基づいた「エピソード的」叙述の域を出なかった研究が、アルヒーフ史料の公開によって大量データに基づく総体把握へと進展している点である。このような動きを率いているのもポール・グレゴリーとフーヴァー研究所である。フーヴァー研究所から出版されたGregory and Lazarev（2003）は、はじめて本格的にアルヒーフ史料（地方アルヒーフ史料を含む）を用いて書かれた強制収容所労働の経済分析であるが[11]、ここで、グレゴリーは序論を担当し、主に一九四〇年から一九五三年までの史料に基づいて、強制収容所労働のマクロ的分析を行っている。彼はここで、数字を示して強制労働のソ連経済における比重を確定したうえで、収容所（ラーゲリ、相対的に「重罪」の囚人が住み働くべき場所）と居留地（コロニー、農村等から追放された比較的「罪は軽い」とされた人々が住み働くべき場所）とが併存していたこと、強制労働と「自由労働」との相互浸透が当時生じていて、そのため、一般省庁と内務人民委員部（および収容所総管理局［その略語がグラーグ（Gulag）である］）との間に労働者を取り合うような紛争が起こっていたことなどの興味深い事実を紹介している（Gregory 2003b）。

しかし、Khlevnyuk（2003）、Sokolov（2003）、Ertz（2008）などをみると、グレゴリーの研究は、より若い世代の研究者達の成果を基礎にして書かれていることがわかる。オレグ・フレヴニュークは、グレゴリーの研究よりははるかに厳密な歴史学的方法によって、強制労働の実態を明らかにしている。彼によれば、安価な費用で国家の工業化を実現するという意図[12]は実現しなかったという。強制労働の利用が集中した大型建設プロジェクト（運河、鉄道、水力発電所）は、現実には完成されずに放置されるか、完成したものも経済的意義の小さいものが多かったからだ[13]。オレグ・フレヴニュークは、「倫理的にはともかく、歴史的事実としては、強制労働はソ連を工業化するのに貢献したのではないか？」という問題を正面から取り上げ、それに否定的に答えているのである（Khlevnyuk 2003, 58–66）。

最近の「強制収容所労働の経済学」で筆者が最も注目しているのは、強制労働のミクロ分析とでも言うものである。Borodkin and Ertz（2003）は、ノリリスク統合プラント（ニッケルの採掘・精製）における強制労働について詳しく分析しているが、その特徴は、労働時間、休暇、刑期を終えた労働者の実態、「労働日クレジット制（зачёты рабочих дней)」（生産課題を達成あるいは超過達成した労働者は決められた比率で刑期が短縮される制度）[14]、賃金等の問題を通じて、北極圏の極限的な環境下で働いていた人々の実態を暴きだしたことにある。アルヒーフ史料によらなければできなかった優れた研究である（Borodkin and Ertz 2003, 104）。このような詳細な実態が明らかになると、「何のためにこのようなシステムが存在したのか」という素朴な疑問が、新たな視角から提起されることになるはずである。

(2) 軍事経済

社会主義経済システム下で、非効率な工業を持っていたはずのソ連が、ナチス・ドイツを破り軍事大国としてアメリカと対峙することができたのはなぜか。どのような「無理」がそれを可能にしたのだろうか。そもそも軍事経済の運営は他の分野のそれと違ったのだろうか。軍事は、強制収容所労働と同じように、これまで史料が厳密に秘匿されてきた分野であり、このような問題の解明は困難であった。史料の公開は状況を一変させた。アルヒーフ史料に基づいた新しいソ連軍事経済研究を主導しているのは、ウォーリック大学のマーク・ハリソンである。ハリソンは既に一九八五年に『平和と戦争におけるソ連計画化、一九三八－一九四五』（Harrison 1985）を出版している当該分野の第一人者であるが、ソ連崩壊後、アルヒーフ史料を利用した新しい研究に邁進するようになった。ポール・グレゴリーと同様、かれも国際的な研究チームを組織して、共同研究を行っている。

その最新の成果がHarrison（2008a）である。これは、ハリソンほか四名がスターリン時代の軍事経済について包括的に論じた大著であり、数々の注目すべき発見、それに基づく主張を含む。ハリソンは、第一章で国内の政治的抑圧（テロル）と軍備増強との関係について論じ、独裁者スターリンの内外の敵に対する防衛の手段として、この二つは組み合わせて用いることが想定されていたとし（双方の手段がどちらの敵にも効果があるのだが、「内」の敵に対しては政治的抑圧がより効果があり、「外」の敵に対しては軍備増強がより効果がある）、軍備増強については、成果が上がるまで時間と資源が必要だが、政治的抑圧は独裁者の意向によって高めたり低めたりすることが容易であることから、外の敵からの脅威が強まったと認識された一九三〇年代末においてさえ、独裁者は軍備増強より手っ取り早く「成果」の期待できる政治的抑圧に頼ることとなった、ただし、期待される効果を達成するには、極度に重い抑圧を行う必要があった、と主張する（Harrison 2008b）。

ソコロフ（Sokolov 2008）、ハリソンとマルケヴィッチ（Harrison and Markevich 2008a、Harrison and Markevich 2008b）、マルケヴィッチ（Markevich 2008）なども、行政的管理が容易く実施できたと想像される一九三〇年代の軍事産業の分野でさえ、何らかの市場的要素が根強く作用しており、それが問題を非常に複雑にしていたことを描いている。

本書には、本項冒頭の問題、すなわちなぜナチス・ドイツに勝てたのかに関して直接的な答えは用意されていない。しかし、本書に先立つ著作でハリソンは興味深い仮説を提起している。ハリソンによれば、戦時期の動員に関し、ソ連はドイツと比較してより適切に対応することが出来た。それは、ソ連がドイツより素早く大量生産体制を確立することが出来たからだが、その理由は、一九二〇年代末以来ソ連では、職人的伝統を破壊する政策が行使され、そのため大量生産体制を受け入れる素地が出来上がっていたからだというのだ。それに対して、ドイツでは、軍の側では多様なアソートメントからなる最新の武器にこだわり続け、生産の側でも職人的伝統を払拭できなかったことが大量生産体制の確立を遅らせたという（Harrison 2000, 116-117）。非常に興味深い仮説である。もちろん、この間明らかになったスターリン期軍事産業の状況を考慮するなら、同産業は非常に非効率[15]であったにもかかわらず、民政部門を犠牲にした資源の大量投入によって、[16] かろうじて軍の力を保持したのだという基本問題も精査する必要があるだろう。

(3) 経済計画の執行・運営メカニズム

「ソ連は、遅くとも一九三〇年代の半ば以来、「計画経済」のもとに運営されていた、しかし、ルートヴィヒ・ミーゼス、フリードリヒ・ハイエクらが指摘したその根源的欠陥のために資本主義諸国の強大な生産力に対抗できず、また、一般住民の経済厚生の向上にも寄与できなかった結果、ソ連は崩壊した」。これが、ソ連経済に関する一般的・通俗的なイメージである。しかし、アルヒーフ史料に基づく新しい研究は、このイメージが、全くの誤りだったとはいえないまでも、やや現実とはずれたものだったことを明らかにしつつある。ソ連型計画経済の基本的構造が成立したとされる一九三〇年代の計画経済運営の実態に関しては、従来、Zaleski（1980）という重要な例外を除いて、詳しい研究は存在しなかった。新しい研究は、省とそれに下属するグラフク（企業・企業集団［トラスト］を統括する部門別管理機関）との間の、そしてグラフクと企業との間の「交渉」の実態について詳細に描き出している。それによれば、スターリンと党政治局は、最終的な権力を保持し、経済計画に関してもこと細かく指示を出していたことは確かだが、[17] 年次計画、四半期計画、月次計画のミクロレヴェルの過程においては、現場の裁量に任せざるを得なくなる問題が数多く存在し、「計画指標の設定」に関して実質的な交渉が生じていた。その結果、「計画」の最終版は、しばしば、当該計画期間が始まっても定まらず、また、定まったとしても、上部機関の意向で簡単に修正されていた。修正されればまた下部では「交渉」が始まる。さらに、省庁間では、必要な資源の獲得において利害の競合が生じ、その場合、秘密の水平的取引が生じた（Gregory 2004a, 第四章から第八章）。[18] このような実態をみるとそもそも「これは計画経済だったのか?」（Gregory 2004a, 209）との疑問が起きる。

さて、このような現場の混乱と表裏一体の問題が「虚偽報告」の問題である。マーク・ハリソンは、裁判記録、党統制機関記録、検察局記録を用いて、一九四三年から一九六二年までに生じた、表面上計画が達成されたかのように見せる行為（贈賄、二重帳簿、在庫の秘匿、偽の領収書、価格の水増し、別商品との取り替え等によってそれが可能になる）の実態を明らかにしている（Harrison 2009）。ハリソンによれば、摘発された上記のような犯罪行為の背後で、大量の同種の問題が生じていたが、それを犯罪として摘発することは権力者にとって大変困難なことであり、多くの場合「大目に見てやる」ということになったという。この「大目に見てやる」行為は、政治と関連する犯罪の場合多発した。また、短期的には経営者にとって計画を達成するための最適行為である「虚偽報告」は、中期的には個人間の信用の崩壊を生じさせた。

ところで、一九三〇年代の計画経済運営の実態を知れば知るほど奇妙な印象を受ける事実がある。それは、当時の経済運営において貨幣や信用の役割が存外に高かったらしいという事実である。Rees（1997）において「財務省」について分析した第三章（S・ツァクノフ執筆）は、「第二次五ヵ年計画における一般財政プラン作成に関する主要訓令」という財務省の文書が、「貨幣システムの巨大な役割」を強調していた事実を紹介しているし（Rees 1997, 76）、実際、財務省は一九三〇年代においてその独自の役割を、一部保持したのである（Rees 1997, 93）。Gregory（2004a）の第九章もこの問題を全面的に検討している。グレゴリーによれば、一九三〇年代のソ連のリーダー達は、「二つの通貨ショックを経験した」という。ショックとは、「一つは、貨幣が意味を持ち続けた（マネー・マターズ）ということである。企業経営者達は、非公式の価格上昇であれ、不法な闇取引であれ、あらゆる手段を使って貨幣を溜め込もうとした。二つは、貨幣と信用の供給が実物財の供給と軌を一にしていなかったことである（貨幣の発行増大が実物経済の成長を上回った）」。「企業は非合法的な信用を発行し、また、特に現金が不足しているときには、貨幣代替物を使った。中央銀行は、ソフトな予算経済における最後の貸し手として、その意思に反して、信用を発行せざるを得なかった」（Gregory 2004a, 213）。もちろん、このような状況にも関わらず、当時の経済が市場経済だったわけではない。では、このシステムをなんと名づければよいのだろうか。この新しい発見は、われわれに一つの理論的課題を提起している。

⑷　農業集団化

一九二〇年代末に始まる農業集団化がソ連社会を一変させ、政治経済に構造転換をもたらしたことは既に多くの研究者の共通認識になっている。では、この農業集団化はなぜ発動され、どのような経緯を経て、どんな結果を生じさせたのか、この問題に英語圏で最も精力的に関わってきたのはバーミンガム大学（現在は名誉教授）のR・W・デイヴィスである。デイヴィスおよび彼の共同研究者スティーブン・G・ウィットクロフト（メルボルン大学）は一九八〇年以来「ソヴィエト・ロシアの工業化」のシリーズを書き続け、二〇〇四年についにDavies and Wheatcroft（2004）を出版した。これは、ロシアおよびウクライナの中央および地方のアルヒーフ史料を渉猟して書かれた英語圏におけるソ連農業集団化研究の決定版といえるものである。ただし、本書は題名およびその副題の年号から明らかなように、集団化の経緯とその結果としての飢餓に焦点を当てて論じた研究である。その中で、飢餓の犠牲者は何人であったか、集団化の結果は最初から党中央およびスターリンが想定していたものであったのかについて、詳しく論じている[19]。

ここで強調しておかねばならないことは、農業集団化（および「クラークの階級としての絶滅」策）がなぜ、どのような経緯で発動されたのかに関しては、すでに一九七〇年に詳細な研究が日本で開始されていたことである。それは、溪内謙（一九七〇―八六）である。溪内は公刊史料を読み込んで、穀物調達をめぐる都市共産党権力と農村共同体との政治的対抗関係のもとに一九二〇年代末の農村社会を描き出した。溪内の衣鉢を継ぐ奥田央は、溪内の研究を押し進めて農業集団化の原因、経過、そして結果を包括的に暴きだした。中央地方のアルヒーフ史料を徹底的に利用した奥田（一九九七）を読むと、コムニストの横暴と結果として生じた農村の悲惨な状況にただ驚くばかりだが、おそらくそれが現実であったのだろうと納得させられる。[20] 奥田の研究の特徴は、農業経済史研究の伝統に基盤をおいた具体性にある。実際それは、農業活動の具体的な問題が農業集団化運動の経過と複雑に絡み合って行く様子を、農業カレンダーの進行にそって生き生き表現するものとなっている。「家畜の強制的共同化」、「超早期播種」、「(馬の代わりの牽引力としての) 牝牛の利用」、「(収穫の) 窃盗」、「疫病」、「孤児」、「若者と暴力（集団化運動の先頭に立った現場の若者達は農作業が嫌いだった)」、「教会」などに関する叙述は、大量史料の渉猟によって当時の農村社会のミクロコスモスを眼前に描けるまでになった研究者にしかなし得ないものである。

ところが、このような日本の農業集団化研究は、欧米ではほとんど知られていない。もし、グレゴリーが奥田の研究を知っていたら、Gregory（2004a）の第二章は、全く別のものになったであろう。

(5)　ソヴィエト工業化

ソ連崩壊によって、経済システム・モデルとしての社会主義は、先進諸国ではその思想的意味を完全に喪失した。開発途上国にとっても、何らかの目指すべき発展モデルとして意味を持っているようにはみえない。いま、ソ連の長期的経済発展の経験はわれわれに何を語りかけているのだろうか。ソ連の経済発展の実績を評価する際に最初に考慮せねばならないのは、公式統計の信頼性の問題である。この問題にソ連国内からはじめて強烈な批判の矢を放ったのは、G・I・ハーニンである。彼は一九八七年に雑誌『ノーヴィ・ミール』に「狡猾な数字」と題する論文（ジャーナリストであるV・セリューニンとの共著）を発表し、ソ連国内外にセンセーションを巻き起こした。というのも彼は、ソ連の一九八五年の国民所得の水準は、一九二八年を基準として、公式統計がいうように八四・五倍だったのではなく、六・六倍にすぎなかったと主張したからである（Harrison 1993, 141）。もし、ハーニンの数字が正しいのなら、それは、どのような国にとってもソ連はもはや何のモデルでもないことを示唆している。しかし、ハーニンの数字も完全ではない。ハーニンの議論を詳細に紹介したハリソンも、ハーニンの研究をまじめで検討に値するものであることを認めた上で、いくつかの方法論上の問題点があることを指摘している（特に、個々の実物統計をアグリゲートする際のウエイトの問題）（Harrison 1993, 155）。実は日本には、ソ連の工業生産（国民所得やGDPではない）指数を、ハーニンらの問題提起および従来の西側の推計をふまえた上で、厳密に再推計した研究が存在する。栖原（二〇〇八）がそれである。栖原によれば、「一九六〇年前後までのソ連経済は高度成長を続けていたといわれるが、実際に本稿の推計でも、一九二八—四〇年の時期におけるソ連工業生産の年平均成長率は一〇パーセントを超え、また第二次世界大戦後も一九五〇—五五年の時期を中心[21]として確かに高い成長率を記録している……戦後の成長実績も、日本の高度成長期の工業生産成長率には及ばないけれども、一九七五年まではほぼ西ドイツ並みの成長率を確保し」たとのことである（栖原 二〇〇八、一五—一六）。ハーニンの推計よりは、ソ連の経済発展の実績を高く評価したものであるといえよう。しかし、仮に栖原推計を受け入れたとしても、それが現代における開発途上国の指導者にとって魅力的な数字かどうかは分からない。実際、栖原推計もソ連公式統計よりは、長期的な成長をずっと低く見積もっている。一九一三年を基準として一九九〇年の工業生産は公式統計では二二〇倍だったのに対して、栖原推計では二六倍であった（栖原 二〇〇八、七）。

このような状況下で、二〇〇三年に驚くべき本が出版された。オックスフォード大学のヴェテラン経済史学者（特にイギリス農業史の専門家）であるロバート・アレンの著作（Allen 2003）がそれである。アレンは、現在流布している通念すなわち、①ロシア革命が起こらなかったらロシアは順調な資本主義的発達を遂げていただろう、②強行的工業化のために一九三〇年代の住民の消費水準は下落した、③小麦の輸出と機械の輸入が急速な成長を助けた、④ネップがそのまま継続していたら工業化は達成できなかったであろう、⑤一九七〇年代以降の経済成長の鈍化は、社会主義システムの非効率の結果である、これらをすべて否定したのである。

たとえば、通念②を、アレンは厳密な数量経済史的方法を用いて批判する。「（バーグマンとチャップマンは、一九三〇年代には一人当たりの消費は減少したと主張するが）、賃金、価格、食料生産そして死亡率の歴史はこのような悲観主義を支持していない。たしかに、第一次五ヵ年計画期には消費は減退した。しかし、このことの理由は、蓄積の論理とは何の関係もない。原因は農業集団化であったからだ。農場の生産が破局から回復すると、消費は急速に増大した。一九三〇年代の末までに工業消費財の生産は八〇％近く増大したのである……全体主義モデルは、国家はもっぱら抑圧に終始し、住民は不満を抱きながらもテロルによってコントロールされていたと主張する。……（しかし、われわれが明らかにしたところによれば）多くの住民は一九三〇年代の経済発展から物質的恩恵を実際に得ていたのだ……一九三〇年代の末までには、都市住民、工業労働者、教師、官僚には、ソヴィエト国家を支持する経済的理由があった」（Allen 2003, 152）。まことに、挑発的な主張というほかない。

アレンの結論は次のようなものだ。「ソ連は一九二八年から一九七〇年にかけて、資本を蓄積し、そうでなければ農業部門で非効率に使われていた人々に工業の仕事を与えることによって、急速に発展した。重工業を建設するという戦略、そして生産目標とソフトな予算制を利用することによって、そのことが可能になったのだ。成長率は一九七〇年以後突然低下したが、それには、対外的・対内的理由があった。対外的理由とは冷戦であり……対内的理由とは余剰労働経済の終焉である」（Allen 2003, 211）。このアレンの主張が正しいのならば、開発途上国の指導者達にとって、ソ連型の発展戦略は今なお魅力的なものであり続けるといえよう[22]。

重要なことは、アレンの研究が、長年培った比較経済史の手法を駆使して、議論を展開していることである。たとえば、ロシアの農業を北アメリカ（マニトバ、サスカチュワン、アルバータ、ノースダコタ、サウスダコタ、モンタナ、ワイオミング）のそれと比較した箇所（Allen 2003, 66-78）に彼の力量が遺憾なく示されている。その他、インド、ラテンアメリカ、日本、韓国、台湾等との比較が随所に登場する。従来のソヴィエト史専門家にはなし得なかった方法であるといえよう。ソヴィエト経済史研究者はアレンの問題提起に真摯に応答する必要があろう。

第３節　ソ連経済史と現代世界経済

ソ連経済史研究がわれわれに示している現代的意義はどんなものであろうか。前節の各項目に関してそれぞれ私見を書き留めておきたい。まず、強制収容所労働の問題であるが、今日このような制度を保持している国はごくまれであろうから、この研究に現代的問題につながるような直接的な意義はない。しかし、独裁者は世界に数多く存在する。彼らがいつこのような制度を採用する誘惑に駆られないとも限らない。ソ連の経験は、どのような条件があれば、このような奴隷的労働（わずかではあっても金銭賃金を払うなど奴隷的労働とは言い切れない側面もあったこと自体も興味深い事実だが）が、国民経済の成長に貢献できるのか、独裁者はどのような認識のもとにこのような政策を採用するのか、を理論的に究明するための素材となる。他方、ソ連の収容所で生じた事態を一種の実験（まことに非人間的な人体実験であったが）であったと考えるなら、それを省みることによってわれわれは貴重な理論的教訓を得ることができる。卑近な例だが、収容所ではタバコが貨幣の代替物として機能することがあったという。これは貨幣の原初的発現の実例であるといえる。もちろん、究極的な実験は、動機付けと強制との恐ろしい組み合わせの実験であって、明らかにされた悲惨な実例からわれわれは何らかの理論的ヒントを導き出す必要がある。

軍事経済の問題は現代の焦眉の課題と直接関係がある。まず、現代ロシアの再軍事国家化の問題がある。ロシア・ソ連のような産業構造、資源賦存を前提とするなら、軍事は国民経済にとってどのような意義を持つのか、これを過去の歴史から究明することは、なお、大きな意義がある。さらに、現代国家一般が持つ軍事と経済との関係の問題にも、ソ連の経験は密接に関連している。最近のソ連経済史研究で明らかになったのは、強権的な行政的運営が適用しやすいと考えられる軍事経済の分野にも、一種の自然発生性、市場の要素が混入したという事実であり、その結果として、独裁者も意図しなかった独自の構造が出来上がったことである。一般に市場経済下の軍事経済に関しては、買い手独占のために市場競争に歪みが出るという点が問題にされる。この問題をソ連の経験もふまえながら新たな視角から究明する可能性が現在開かれている。

経済計画の執行・運営メカニズムに関しては、ソ連の経験は従来の「市場対計画」という二分法はあまり有効な枠組みではない、ということを明らかにしているという点が重要である。ソ連の現場で起こったことは、「計画」原理と「市場」原理との闘争ではなく、一定の制度的枠組みのもとで、利害（短期的利害と長期的利害とは異なる場合も考慮する必要がある）をともにする、一種の仲間原理が上位に立つ、集団の範囲をどこに設定するかに関する闘争であった。しかし、これは現代企業経営が抱える根本問題だろう。ソ連の経験には現代的意義がある。

農業集団化は、現代農業の抱える問題と直接関連する問題である。ソ連農業集団化の研究があぶり出した根本問題は、「階級としてのクラーク絶滅」といった強権的方法と農業集団化そのものとは、必然的に結びつくものなのか、それとも両者は区別して考える必要があるか、という問題である。結びつくのなら、われわれはなんとしても、家族的農民経営を守り抜く必要がある。しかし、現代資本主義システム下で家族的農民経営がいろいろな困難に立たされていることもまた周知の事実である。そのため、各国で新しい集団化の試みや農業を営む株式会社の設立が模索されている。これをわれわれはどう評価すべきだろうか。もちろん、「共産党の権力の下では両者は結びつくが、そうでなければ結びつくとは限らない、共産党政権下でなければ集団化してよい」という考えもあろう。しかし、ソ連農業集団化の当初の目的は、農産物商品化率の向上であり、実際にその目的は達成されたという点を考慮すると、このような安易な考えはすぐには受け入れることはできない。ソ連農業集団化の経験はわれわれにはなお豊富な考えるヒントを与え続けている。

ソヴィエト工業化のあり方をどう評価するかは、開発途上経済論の重要な争点であり続けたし、現在でもそうである。上記のアレンの問題提起はそのことをわれわれに思い出させてくれた。ただし、現時点では、この問題はさらに広いパースペクティヴの下におく必要がある。すなわち、中国の発展戦略との比較という視点を付加しないことには、現代的問題としての意味は少なくなってしまう。ソ連の発展戦略と中国のそれとは、どこまでが同じでどこから異なるのか、これが今後の研究上の課題となるであろう。その際、重要なことは、対外経済関係のマクロ経済における位置づけを確定することである。新たな研究の進展がのぞまれる。

おわりに

英語圏の近年の研究[23]をサーヴェイしてみてわかったことは、英語圏における研究と日本における研究とは相互補完的であるという点である。これは、対象となる分野や時期においてそうであるだけでなく、研究方法の面でもいえることである。したがって、英語圏の研究から学んで日本の研究を豊かにすることが出来るし、英語圏における研究の欠陥を日本の研究者が正すという可能性もないわけではない。ところが、現時点では、グレゴリーやハリソンが作り出した国際的な研究交流の流れに日本人はほとんど関与していない。これは両者にとって不幸な事態である。彼らが日本語を学んで日本人の論文を読んでくれることを期待することは非現実的であるとすれば、日本人研究者が今後目指すべき方向は明らかであろう。

[注]

（1）ヒューストン大学のカレン名称経済学教授。スタンフォード大学フーヴァー研究所の研究フェローおよびドイツ経済研究所[DIW]（ベルリン）の研究教授を兼ねる。
（2）この教科書は版を重ね、さらに、ソ連崩壊後に改訂・改名されてGregory and Stuart（2000）として出版され続けている。
（3）イギリスのオンライン出版社Healey, Ltd. も協定調印者である。
（4）ただし、一九九四年にロシアの文書館のうち、РГАСПИおよびРГАНИは協定から脱落し、ГАРФだけが残って、新たな協定が一九九八年に締結された（Hoover Institution, 2004）。
（5）政治局速記録の分析はGregory and Naimark（2007）に結実した。

(6) Gregory（2007）も出版しているが、筆者は未見である。
(7) Gregory（2009b）は、Gregory（2009a）の議論を、さらに全面的に展開したものである。
(8) 個々の「結節点」は、テロルを促進する要因とも沈静化させる要因とも、二様に解釈できる場合がある。
(9) イギリスでグレゴリーと同じ役割を果たしているのが、マーク・ハリソン（Mark Harrison）である。彼は現在ウォーリック大学経済学部を拠点に、Research in Former Soviet Archives on Issues of Historical Political Economy というインターネット・サイトを運営しており、多くの共同研究を先導している。このサイトは、「Political Economy Research in Soviet Archives Working Paper Series（通称 PERSA）」というワーキング・ペーパー・シリーズを公開しており、我々は、既に五〇点以上におよぶ論文をこのサイトで読むことが出来る。その執筆者は、グレゴリーと共同研究を行っている人々とかなり重なる。
(10) Ellman（2008）は、筆者とは異なる観点から「アルヒーフ革命」後の「スターリン主義政治経済」研究の状況を概括していて参考になる。
(11) Borodkin, Gregory, and Khlevnyuk (eds.)（2005）は、Gregory and Lazarev（2003）のロシア語版と言えるが、必ずしもその翻訳ではない。別の執筆者が書いている章もあるし、同じ著者が同じ題目で書いている章でも内容は異なるので、注意する必要がある。なお、このロシア語版は二〇〇八年に同じ出版社から別の装丁で出版されている。
(12) そもそも、一九三七／三八年の大テロルの時期には、経済的意図は政治的目的のために後景に退いた。
(13) 収容所の強制労働が工業化に貢献したという命題は、一つには、当時きわめて多数の囚人が存在したという観念をその根拠としているが、それも誤りであるとフレヴニュークは言っている（Khlevnyuk, 2003, 60）。
(14) Ertz（2005）をみよ。
(15) Gregory（2003a）は、防衛部門の計画化は民政部門の計画化よりもうまく行くという仮説は、史料的には根拠がない、むしろ、防衛部門の計画化は民政部門のそれよりさらに実績（計画の達成という基準で）が悪かったと主張している。
(16) Davies（1993）は、新史料によれば、第一次五ヵ年計画期、従来公表されていた額よりもずっと大きな額が防衛産業に投入されていたとしている。
(17) この意味では、「全体主義モデル」が想像以上に当時の状況に当てはまる。
(18) デヴィッド・シアラーは一九三〇年代に至っても各工場は専門化の路線に従わずに、自分の工場で多種多様な製品を作ろうとした傾向があったことを指摘している。多くの機械工場は工作機械を自工場で制作していた。そのため、上部組織の監督権限が重複し、一種の市場競争的状況が作り出されたのだという（Shearer, 1996, 208-209）。
(19) 二人は、従来からロバート・コンクエストの集団化にともなう飢餓の犠牲者数に関する過大な評価を批判してきた。なお、コンクエストは、農業集団化とその結果としての飢餓がウクライナ人に対する「ジェノサイド」であったと断じており、これが今日のロシアとウクライナとの歴史論争のきっかけの一つともなっている。コンクエスト（2007：ただし、原文は一九八六年に出版された。アルヒーフ史料は用いられていない）をみよ。

(20)　この点についてのみ言うなら、奥田の研究はコンクエストのものと呼応する。

(21)　興味深いことにハーニンも一九五〇年代を「真に繁栄」の時期としている（Khanin, 2003, 1187）。

(22)　その場合、ソ連的発展戦略は必ずしも「政治抑圧」や「強制収容所」を生み出すとは限らない、という条件が必要であろう。ところが、ハイエクや全体主義論者はまさに「生み出す可能性が高い」と主張していたわけだから、アレンの主張が正しいとしても問題が解消してしまうわけではない。

(23)　本論の趣旨から紹介することは避けたが、ロシアでは二〇〇〇年以来 Экономическая история. Ежегодник というシリーズが刊行されており、そこに興味深いソ連経済史関連の論文が掲載されている。ところがその執筆者は、これまで紹介したグレゴリーやハリソンの編著に執筆している研究者であることがしばしばであり、場合によっては掲載論文が英語ですでに発表された論文のロシア語版であることもある。この意味でロシアの研究と英語圏のそれとはシンクロナイズしている。

【参照文献】（本章の性格上、他の章とは異なって大きな文献目録を付けざるを得ず、この点に関して編者の許しを得た。）

Allen, Robert C. (2003), *Farm to Factory : A Reinterpretation of the Soviet Industrial Revolution* (Princeton, N.J.: Princeton University Press).

Anderson, K. M., Alexander Vatlin, Paul Gregory, A. K. Sorokin, R. Suza and Oleg Khlevnyuk eds. (2007), *Stenogrammy zasedanii Politbiuro TsK VKP (b), 1923-1938 v trekh tomakh* (M.: Rosspen).

Barber, John and Mark Harrison eds. (2000), *The Soviet Defence-Industry Complex from Stalin to Khrushchev* (Basingstoke: Macmillan).

Belova, Eugenia and Valery Lazarev (2007), "Why Party and How Much? The Soviet State and the Party Finance," *Public Choice*, 130, no. 3-4.

——and Paul Gregory (2002), "Dictators, Loyal and Opportunistic Agents : The Soviet Archives on Creating the Soviet Economic System," *Public Choice*, 113, no. 3-4.

—— and —— (2009), "Political economy of crime and punishment under Stalin," *Public Choice*, 140, no. 3-4.

Borodkin, Leonid and Simon Ertz (2003), "Coercion versus Motivation : Forced Labor in Norilsk," In Gregory and Lazarev (2003).

Borodkin, Leonid, Paul Gregory, and Oleg Khlevnyuk eds. (2005), *Gulag : Ekonomika prinuditel'nogo truda* (M. : Rosspen).

Davies, R. W. (1993), "Soviet Millitary Expenditure and the Armament Industry, 1929-33 : A Reconsideration," *Europe-Asia Studies*, 45, no.45.

Davies, R. W. and Stephen G. Wheatcroft (2004), *The Years of Hunger : Soviet Agriculture 1931-1933* (New York : Palgrave Macmillan).

Ellman, Michael (2008), "The Political Economy of Stalinism in the Light of the Archival Revolution," *Journal of Institutional Economics*, 4, no. 1.

Ertz, Simon (2003), "Building Norilsk," In Gregory and Lazarev (2003).

Ertz, Simon (2005), "Trading Effort for Freedom : Workday Credit in the Stalinist Camp System," *Comparative Economic Studies*, 47, no. 2.

Ertz, Simon (2005b), "Lagernaia sistema v 1930-e-1950-e gg. : Evolutsiia struktury i printsipov upravleniia," in Borodkin, Gregory, and Khlevniuk (2005).

Erts, Simon (2008), Making Sense of the Gulag : Analyzing and Interpreting the Function of the Stalinist Camp System, *PRESA Working Paper*, no. 50.

Filtzer, Don (2005a), "1947 Food Crisis and its Aftermath : Worker and Peasant Consumption in Non-Famine Regions of the RSFSR," *PERSA Working Paper*, no. 43.

—— (2005b), "Standard of Living versus Quality of Life : Struggling with the Urban Environment in Russia During the Early Years of Postwar Reconstruction," *PERSA Working Paper*, no. 44.

Gregory, Paul (1982), *Russian National Income, 1885-1913* (Cambridge : Cambridge University Press).

—— (1990), *Restructuring the Soviet Economic Bureaucracy* (Cambridge : Cambridge University Press).

—— (1994), *Before Command, An Economic History of Russia from Emancipation to the First Five-Year Plan* (Princeton, N.J. : Princeton University Press).

—— ed. (2001), *Behind the Façade of Stalinist Command Economy, Evidence from the Soviet State and Party Archives* (Stanford, Calif. : Hoover Institution Press).

——(2003a), "Soviet Defense Puzzles : Archives, Strategy, and Underfulfillment," *Europe-Asia Studies*, 55, no. 6.
——(2003b), "An Introduction to the Economics of the Gulag," In Gregory and Lazarev (2003).
——(2004a), *The Political Economy of Stalinism, Evidence from the Soviet Secret Archives* (Cambridge : Cambridge University Press).
——(2005), "The Political Economy of Stalinism : A Bergsonian Retrospective," *Comparative Economic Studies*, 47, no. 2.
——(2007), *Lenin's Brain and Other Tales from the Secret Soviet Archives* (Stanford, Calif. : Hoover Institution Press).
——(2009a), "Simplified Methods and Efficiency : Stalin's Terror Managers," *Journal of Comparative Economics*, 37, no.2.
——(2009b), *Terror by Quota : State Security from Lenin to Stalin (An Archival Study)* (New Haven : Hoover Institution and Yale University Press).
——and Marshall Goldman eds. (2005), "Performance and Efficiency Under Socialism : Studies in Honor of Abram Bergson," *Comparative Economic Studies*, 47, no.2.
——and Mark Harrison (2005), "Allocation Under Dictatorship : Research in Stalin's Archives," *Journal of Economic Literature*, 43, no. 3.
——and Valery Lazarev eds. (2003), *The Economics of Forced Labor : The Soviet Gulag* (Stanford, Calif. : Hoover Institution Press).
——and Norman Naimark eds. (2007), *The Lost Politburo Transcripts : From Collective Rule to Stalin's Dictatorship* (New Haven : Hoover Institution and Yale University Press).
——and Robert C. Stuart (1972), *Soviet Economic Performance and Structure* (New York : Harper and Row).
——and Robert C. Stuart (2000), *Russian and Soviet Economic Performance and Structure*, 7th Edition (Boston : Addison Wesley).
——and Aleksei Tikhonov (2000), "Central Planning and Unintended Consequences : Creating the Soviet Financial System," *Journal of Economic History*, 60, no. 4.
——and Andrei Markevich (2002), "Creating Soviet Industry : The House That Stalin Built," *Slavic Review*, 61, no. 4.
Harrison, Mark (1985), *Soviet Planning in Peace and War 1938-1945* (Cambridge : Cambridge University Press).
——(1993), "Soviet Economic Growth Since 1928 : The Alternative Statistics of G. I. Khanin," *Europe-Asia Studies*, 45, no. 1.
——(2000), "Wartime Mobilisation : a German Comparison," in Barber and Harrison (2000).
——(2002), *Accounting for War : Soviet Production, Employment, and the Defence Burden, 1940-1945* (Cambridge : Cambridge University Press).
——ed. (2008a), *Guns and Rubles : The Defense Industry in the Stalinist State* (New Haven : Yale University Press).

—— (2008b), "Dictator and Defense." in Harrison (2008).

—— (2009), "Forging Success : Soviet Managers and False Accounting, 1943 to 1962," *PERSA Working Paper*, no. 56.

—— and Andrei Markevich (2008a), "Hierarchies and Markets : The Defense Industry Under Stalin," In Harrison (2008a).

—— and —— (2008b), "The Soviet Market for Weapons," In Harrison (2008a).

Hoover Institution (2004), "Twelve Years of Cooperation with the Russian Archives," (http://www.hoover. org/hila/collections/19223824.html?section = history&c = y からダウンロードできる。).

Khanin, G. I. (2003), "The 1950s – the Triumph of the Soviet Economy," *Europe-Asia Studies*, 55, no.8.

Khlevnyuk, Oleg (2003), "The Economy of the GPU, NKVD, and MVD of the USSR, 1930–1953 : Scale, Structure and Trends of Development," in Gregory and Lazarev (2003).

Markevich, Andrei (2008), "Planning the Supply of Weapons," in Harrison (2008a).

Olson, Mancur (1993), "Dictatorship, Democracy, and Development," *American Political Science Review*, 87, no. 3.

Rees, E. A. ed. (1997), *Decision-Making in the Stalinist Command Economy, 1932–37* (Basingstoke : Macmillan Press and St. Martin's Press).

Shearer, David R. (1996), *Industry, State and Society in Stalin's Russia, 1926–1934* (Ithaca : Cornell University Press).

Sokolov, Andrei (2003), "Forced Labor in Soviet Industry : The End of the 1930s to the Mid–1950s," In Gregory and Lazarev (2003).

—— (2005), "Before Stalinism : The Defence Industry of Soviet Russia in the 1920s," *Comparative Economic Studies*, 47, no. 2.

—— (2008), "Before Stalinism : The Early 1920s," In Harrison (2008a).

Swianiewich, S. (1965), *Forced Labour and Economic Development, An Enquiry into the Experience* of *Soviet Industrialization* (Oxford : Oxford University Press).

Zaleski, Eugene (1980), *Stalinist Planning for Economic Growth, 1933–1952,* Translated from the French and Edited by Marie-Christine MacAndrew and John H. Moore (Chapel Hill : The University of North Carolina Press).

奥田央（一九九六）『ヴォルガの革命：スターリン統治下の農村』東京大学出版会。

梶川伸一（二〇〇四）『幻想の革命：十月革命からネップへ』京都大学学術出版会。

木村雅則（一九九五）『ネップ期国営工業の構造と行動：ソ連邦一九二〇年代前半の市場経済導入の試み』御茶の水書房。

コンクエスト、ロバート（二〇〇七）『悲しみの収穫：ウクライナ大飢饉、スターリンの農業集団化と飢饉テロ』恵雅堂出版。

栖原学（二〇〇八）「ソ連工業生産指数の推計」、*Working Paper Series*, no. 07–01, Research Institute of Economic Science, College of

Economics, Nihon University.

渓内謙（一九七〇—一九八六）『スターリン政治体制の成立、第一部〜第四部』岩波書店。

富田武（一九九六）『スターリニズムの統治構造』岩波書店。

中嶋毅（一九九九）『テクノクラートと革命権力』岩波書店。

フレヴニュウーク、О（一九九八）『スターリンの大テロル』（富田武訳）岩波書店。

第4部

日露関係の過去・現在・未来

船から見た貝殻島灯台と水晶島（長嶋俊介氏撮影）

第7章　日露友好の必須条件
——二十世紀初頭の両国間関係を事例にして——

バールィシェフ、エドワルド

はじめに

一般には、日露関係史の起源は十八世紀の初頭や末期に求められるが、恒常的な交流は日露戦争（一九〇四～一九〇五年）の直接・間接的な結果として生まれたと考えてよいであろう。以上の見方に立てば、活発な日露関係の歴史はこの一〇〇年間に限られており、しかも、この約一世紀にわたる日露関係史は概ね敵対関係で特徴づけられているのである。ただし、今日でも日露間に懐疑の空気が漂うのは、両国が二十世紀前半に何度も戦火を交えたことだけでは説明できないであろう。恐らく、現在に至る相互不信の最大の原因は、対立そのものではなく、日露戦争のような両国関係史の主要な道標の多くが両国の国際政治上の在り方を決定づける基点であったことに求められるのである。大半の場合、一方の国際政治上の勝利は他方の敗北を伴っており、一方がその国際政治上の権威・地位を、いわば他方を踏み台にして高めたからである。それゆえ、日露関係の問題は両国のイデオロギーや国民意識、すなわち国家の存立基盤そのものに深く関わっているのである。

周知の通り、大日本帝国が列強の仲間入りを成し遂げたのは、一九〇五年に極東におけるロシアの権威を失墜させたためであり、第二次世界大戦後に新興国として登場した日本が国際的な地位を高めたのも、米国の味方としてソ連と対立していたためである。一九〇四〜一九〇五年の対露戦争と革命諸勢力への日本の支援、ソ連末期時代における米国のソ連「封じ込め政策」への日本の積極的な参加などの事情からすれば、大規模な人道的破局を伴ったロシア帝国及びソ連邦の解体にあたっては、「西洋」と同盟関係で結ばれた日本の責任は大きいと結論づけられる。その代わりに、国際政治におけるソ連の影響力が大きく増大したのは、一九四五年に日本軍国主義が破綻した結果であったとも言える。以上の視点からすれば、日露戦争とロシア革命（ソビエト政権の樹立に関わる問題）、第二次世界大戦と日本の敗北（戦後日本の政治体制に関わる問題）、冷戦とソ連の解体（新興ロシアの政治体制に関わる問題）といった歴史的な出来事に対する両国民の認識は日露関係の雰囲気を決定づけていると言っても過言ではない[1]。

　欧米の社会科学において、二ヵ国関係は単なる国家間関係（межгосударственные отношения）のひとつとして位置づけられることが多いが、狭い国際政治学的なアプローチは対象国の文化的・文明的・人種民族的・宗教的な自己性を軽視するきらいがあると思われる。当然なことに、長期的にみた両国関係の未発達という現象を国益の不一致だけで説明することは難しかろう。たとい勢力均衡に基づく関係が歴史的な現実を反映していると推定したとしても、我々には国益の一致や不一致の条件を明確にする必要性が残るであろう。国際関係を無人格化された国家間関係として捉えてしまっては、世界史の内的な論理を把握できないし、international relations は国家間関係だけではなく、「民際関係」（международные отношения）でもあることを忘れてはならない。世界史の立役者として行動するのは、ある一定の領土に居住する人民を統治する政治機関である国家よりも、むしろ明確な自己意識をもつネーションだからである。日露関係史をロシア国民（русский народ）[2]と日本国民との関係史・交流史として認識すれば、両国関係の構造的な問題をより明解に捉えることができるであろう。

本論に入る前に、筆者が日露関係論というテーマに関心を覚えたのは、外川継男の「日露・日ソ関係の特徴」という論稿[3]から少なからぬ刺激を受けたからであることに触れておきたい。そして本章は、その外川の問題意識を受け継ぎつつ、変動の多い二十世紀初頭の日露関係史を事例として、両国間関係における不変的ないし普遍的な特徴の解明を試みる。因みに、筆者が二十世紀初頭という時代にこだわるのは、それなりの理由がある。すなわち、まさにその時期は、活発な両国間関係の出発点となっただけでなく、日露戦争という劇的な出来事を経て、第一次世界大戦中に顕在化した日露同盟に象徴される「例外的な友好の時代」に繋がったからである。日露戦争後の国交正常化の結果、当時の日露関係はすべての障害物が一掃されたかのような「理想的な状態」に達した感があるが、絶頂の状態にある関係の研究は「純粋な」日露関係のモデルの発見にも寄与しうるのではないかと考えられる。それとともに、筆者は、二十世紀初頭の日露関係は今日の両国関係の現状に影を落とす諸問題の種子をも内蔵していると確信している。過去の中に現在の完全なアナロジーを発見することはできないとしても、日露関係への広汎な学際的アプローチを採用することにより、世界における両国の位置を再確認し、両国関係の未来を展望することが期待される[4]。

第1節　日露関係における地理的な非対称性——「恐露病」の源泉——

約一万キロメートルに及ぶモスクワ—東京間の距離は日露両国の地理的な懸隔（географический разрыв）を最も鮮明に表す数値であろう。というのは、日本の北方地域やロシアの極東地域は歴史的に、日露を結合させるというよりも、分離させる緩衝地帯の役割を果たしてきたからである。ここには、隣国でありながら隔離された状態にあるという、世界地図の通りではない日露関係の最大のパラドックスが隠されていると言えよう。以上の意味において、地理的な懸隔に起因する連絡問題は日露関係の重大な障壁のひとつであったに違いない。

他方で、日露間には、地理的な懸隔とともに地理的な非対称性や相互依存の不均等性といった要素が見いだされる。今日の分割されたロシアでも面積は日本の四五倍であり、一六ヵ国と国境を接しているが、日本がロシア領土に面しているのは、ロシアの辺境地域にすぎない極東の一部のみである。その結果、国際政治の舞台において、日本はロシア全土より、あくまでもシベリアや極東を視野に入れてきた一方、ロシアは日本一国ではなく、東アジア全体や世界の覇権国を対象として行動しなくてはならなかった。洞察力のある人たちは昔からこうした地理的な非対象性に目を向けていたのである。一九一六年にゲオールギー・ミハイロヴィチ大公の随員として来日したモギリャーンスキー教授（Николай Михайлович Могилянский, 1871-1933）はこれについて以下のように分析した。「［日露間の］（［　］内は引用者の注。以下同じ）どの軍事的な衝突の場合でも、日本はロシアに比べて絶対に優勢の立場に立つであろう。完全に日本側に有利に働いている地理的な条件を言わないとしても、日本は、その政治的・経済的な活動や研究の約半分が日露関係という視点から行われているという有利な状況にも置かれている。我々ロシア人は、ヨーロッパとの関係が将来にも優先的な地位にありつづけるから、ロシアの政治的な活動において日本に対して同様な程度での注意を与えることができない」(5)。

以上の地理的な背景からすれば、両国関係において、日本側がロシア事情に集中し、関心を動員しやすく、かつ感受性の高いアクターになっていると結論づけられる。したがって、同じ刺激を与えても、日本側が数倍激しい反応を起こし得るし、事実、数倍激しく反応してきたのである。ロシアが対外政策において極東に焦点を合わせ得ないことは、日露関係の主旋律を奏でつづけたのが日本側であったことを間接的に示唆していると言えよう。以上のような非対称性や相互依存の不均等性は日露関係の根本的な大問題であると同時に、「小」日本における「大」ロシアに対する恐怖心や憎悪感を支える材料となっていると考えられる。

他方で、以上のような事情を背景に、資本主義的な拡張主義にも大いに関係していると思われるものが、日本人らしい外向型の志向性（extroverted orientation）という要素である。というのは、ロシアに比べれば、島国たる日本には政治的・経済的なパワーやリソースが有り余っており、それを国外に振り向けやすくなっているからである。十九世紀末期以降、日本側が極東において大陸浪人による幅広い活動を展開させたことはこうした外向型の志向性の表れとして挙げられるであろう。しかも、日本の対露政策の矛先がロシアの「心臓部」から遠く離れ、柔らかい下腹部に当たる極東地域に向けられているため、歴史的にみれば、両国関係においてロシアこそが不利な状況に置かれてきたと言える[6]。常に安全保障問題の前に立たされているロシアは政治的・経済的なリソースが大きく制限されているため、ロシア国民は内向型の志向性（introverted orientation）という要素で特徴づけられるのである。いわば、重苦しい生活条件の影響もあり、ロシア人は「ニチエヴォー《なんとかなる》主義」に鮮明に表れている暢気で楽観的な見方を余儀なくされているわけである。その結果、国外からの政治的・経済的・軍事的な圧力に対抗せざるを得ない状況に置かれているロシアにとって、日本からの脅威が優先的な地位を占めることはない。すなわち、日本からの脅威が実際に存在したとしても、それに対応するリソースが局限されているなかで、脅威が過小評価される傾向にあるわけである。あいにく、世界政治に自然に編み込まれているロシア側が日本に対して均等な関心を寄せないことが、日本では「相手にされていない」という意味で捉えられやすく、日本人の自尊心を傷つけている側面もあると思われる。

むしろ、日本の場合、政治的・経済的なリソースが十二分であるからこそ、ロシアからの脅威が過大評価されがちになる。日露間にみられる以上のような非対称的な相互受容、あるいは日本側の誤った対露認識の典型例として、ウラジオストック（Vladivostok）という言葉に関する問題が挙げられる。日本ではウラジオストックを「東洋を支配せよ」という意味で解釈し、ロシアの侵略主義の象徴として形容することが一般的であるが、そのような認識自体には日本人の外向型の世界観が現れていると言わざるをえない。というのは、ロシア人からすれば、ここでいうVostokとはあくまでもロシア世界内の東方であり、ロシアの典型的な男性名詞を真似た「ウラジオストック」という名称は「東の砦」、比喩的に言えば、「東の明星」にすぎないからである。以上のような日本側の誤った認識には、「他人を自分の尺度で図る」傾向が鮮明に現れていると思われる。

因みに、日本側が極東事情に余りにも敏感であるため、ロシアが東アジアにおける勢力均衡あるいは単に国境警備の強化を図れば、それは一瞬のうちに日本で脅威として受け止められてしまうのである。シベリア横断鉄道（Великий Сибирский путь）の建設の中に脅威を見いだす日本側の態度が伝統的な恐露思想に基づく、特に根拠のないものであったことは、一九〇〇年に出版された島田三郎の『日本と露西亜』に鮮明に現れている。「我国人が露人西比利亜の経略を恐れ、鉄道の布設を怖る、は何事ぞや。露人が海を渡て日本を襲ふを患ふるに在る乎、抑日本が大陸を経略せんと欲し、而して露人が之を妨ぐるを憤ふるが為め乎、此の如く正格の問を下せば、彼の恐露病夫は一も真面目の答を興ふる能はざるなり、此に至りて余輩は断言せん、露人の西比利亜を経略するは、日本後来の利益と為るも決して我危害と為らざることを、抑露人が無人の広原を拓く策を第一として、鉄道を布設するは、至当の計画にして、他国が之に向て異言を挿むの理由ある可からず」[7]。二十世紀初頭の日露関係史を研究した吉村道男も、日露戦後において「日本軍部の対露警戒はやや意識過剰であり、時には風声鶴唳の感もないではなかった」

と指摘している[8]。

むろん、いわゆる「恐露病」や「嫌露病」（русофобия）は日本独特な現象ではなく、国力が有り余っている欧米諸国にもロシアの脅威を強調しすぎる傾向がみられる。こうした「恐露思想」の機能的・実用的な側面について、思想家イリイン（Иван Александрович Ильин, 1883-1954）の著作に重要なヒントが得られる。「ヨーロッパはロシアの真相を知りたくない。ヨーロッパが求めているのは、都合の良い嘘である。（中略）ヨーロッパ人は悪いロシアを必要としている。つまり、野蛮なロシアを必要としているのは、それを「文明化する」ためである。その広大さで〔他国を〕威嚇するようなロシアは、それを分割するために必要である。侵略主義的なロシアは、反露連合をつくるために必要である。反動的・有害な宗教をもつロシアは、宗教改革やカトリシズムの宣伝を無理やりに行うために必要である。経済的に不能なロシアは、「使用されていない」土地、天然資源や少なくとも有利な通商条約や利権協定（コンセッション）を請求するために必要である」[9]。つまり、ロシアが日本を含む欧米諸国の国益に影響を及ぼせないため、各国の政界はその内政や対外政策において巧みに「恐露病」を利用しつづけたわけである。「水が低いところに流れていく」というごとく、ロシアは先進諸国の支配層にとって都合の良い攻撃対象となってきた。制度的にみれば、対露脅威論は「民主主義」とナショナリズムを結びつけた「国民国家」という近代的な政治体制の不可分な要素として位置づけられる。「北方領土」構想を見れば分かるように、今日も「恐露病」や「嫌露病」は日本内政の大問題であると同時に、日露関係の重大な問題となっているのである。

第２節　日露関係における文明的な疎外性――「西洋」との関わり合い――

日露間において、地政学的な条件に起因する問題とともに、著しい文明的な疎外性（цивилизационная отчуждённость）というべき要素もみられると言わねばならない。周知の通り、ロシア人の世界観に重大な影響を与えたのは、文化的にみても特殊な「正統キリスト教」である。キリスト教（新約聖書）の真髄はユダヤ教の民族主義を止揚するところにあり、それは「眼には眼を、歯には歯を」という名句に象徴される「血まみれのナショナリズム」との訣別であったとも言えるが、そこにおいてこそキリスト教固有の普遍的・世界的な規範というものがみられる。

正教の信仰はロシア人の頭脳と心に「世界的に考える」能力を植え付けたと言える。というのは、ビザンチン帝国から受けた洗礼とともに、ロシア人はカトリック世界と正教会の関係に象徴される「西洋問題」（"западный вопрос"）を受け継いだからである。すなわち、カトリック世界は最初から受け入れられない「異端者」として定められたわけである。さらに、洗礼とともに、ロシアはコンスタンティノープル問題とバルカン問題、エルサレム問題とユダヤ人問題などをも受け継いできた。十三世紀にロシアに対して行われた十字軍がこうした「西洋」との関係を一層悪化させ、「東洋のほうがましだ」というロシア国家の指導者たちの意識的な選択に繋がったのである。アンチキリストとして迎えられたピョートル一世の時代には「ビザンチン主義」というべき国家方針に終止符が打たれ、西欧の物質的な文明に憧れた支配層が欧化政策を無理やりに推進しはじめたが、それは正教徒としての「善良なロシア市民」からの根強い反発を呼び起こした。ここで、ロシア性（русскость）というべき自意識や自流の生活様式を維持してきたのは、尊厳をもって「キリスト教徒」（крестьяне）を自称した被支配層であったことを指摘しておく必要がある。以上の意味において、ロシア帝国やソ連の強みはロシア人の献身的なキリスト教精神、しかも先天的に「西洋」の権威を認められない精神を出発点としていたと言えよう。[10]

他方で、日本人と「西洋」との関わり具合は全く異なっていたのである。日本にとって西欧はほとんど見知らぬ相手であったから、日本人は進歩した「西洋」の軍事力や技術力に対して劣等感が入り混じった崇拝を覚え、「西洋」の権力や権威を認めた。ロシア人は「西洋」を宗教的・精神的な敵として認識し、欧米化改革に対抗してきたし、欧米諸国もロシアに対して猜疑心を隠せなかった一方、日本人は欧米人に対して本質的なライバル意識をもたなかったから、「西洋」は日本に対して温和な態度を示すときもあった。元来、仏教・儒教や神道にみられる東洋文明の規範は西欧文明のそれと並行し、進歩主義・近代主義・自由主義に対して根本的な異議を唱えなかった。日本は世界政治において「日の当たる場所」を求めていても、「西洋」によって作り上げられた世界体制自体に対して抵抗することはほとんどなかったからである。むしろ、近現代史において、日本の民族主義は世界におけるナショナリズムの強化およびキリスト教的な規範の弱体化に大いに貢献したと考えられる。[11]

上記のような「西洋」との関係、「西洋」への態度は日露関係の主流を決定づけたと言っても過言ではあるまい。弱者の味方を執りつづけたロシア人は「西洋」を精神的な権威として認められなかったのに対して、神道にみられる「力の崇拝」や「上下関係の重視」といった儒教的な要素が含まれる日本人の世界観は国際政治の「強者」への追随路線の前提条件となったと言える。ロシア人が常に日本人の中で評価したのは、「西洋」とは異なる側面であり、日本の伝統的な文化であったが、日本人は「西洋」を受け入れられないロシアを「非文明的な国」として受け止めていたのである。ただし、日本帝国主義の時代において、「西洋でない」という連帯感こそが日露（日ソ）親和の雰囲気に大いに貢献したことを念頭に置かなくてはならない。というのは、「西洋」と距離を取ろうとしたとき、日本は「反西洋主義的な」大国ロシアとの関係の緊密化を図らざるをえなかったからである。

歴史的にみれば、日本、ロシア及び「西洋」は複雑な三角関係にあったわけであるが、日露両国は互いにとって常に「野蛮国」にほかならなかった。日本人が取り入れた伝統的な中華思想のなかでは「北方」そのものが未開で非文明的な方向とみなされ、ロシア人に対して「北狄」や「赤蝦夷」という言葉が使用されていた。「西洋」との特別な関係もあり、日本の国民意識には「北方からの脅威」が深く刻み込まれ、日本人はロシア人に対して「神聖なる復讐心」を覚えたのである。[12] 他方で、ロシア人からすれば、「野蛮人だからこそ、希望がある」という考え方が成立するのである。というのは、異端者（отступник）やキリスト憎悪者（христоненавистник）とは違って、「野蛮人」（язычник）の行動や悪事が「正統なキリスト教（истинное учение）を知らないから」ということで容赦されうるからである。

以上の地政学的及び文明的な背景があって、日露交流が始まって以来、ロシア官民ともに、極東一国の日本に対して、欧米諸国とは対照的に異なった寛大で忍耐強い態度を執りつづけたのである。欧米諸国に比べてロシアが日本に特別な経済的利害を持っていなかったなかで、隣国日本との平和的な関係を維持することは第一の課題として認識されていた。[13] 十九世紀末期、ロシアの金融界などに帝国主義的な野望をもつ勢力が次第に力を増してきたものの、ロシアの極東政策は一八九六年の露清同盟の締結や「露館播遷」を連想させる清朝や朝鮮王朝などに対する保護主義的・現状維持的な姿勢（«охранительная политика»）で貫かれており、一八九一年の大津事件や一八九四〜一八九五年の日清戦争に鮮明に表れた日本側の好戦的な態度がなければ、日露戦争への条件そのものが成立しなかったであろう。なぜかと言えば、ロシア国民の観点からすれば、日本との接近は当然、英米諸国への接近とは全く異なる意味合いが認められたからである。英米両国との国交正常化はあくまで休戦のような一時的な和解にすぎないが、日本と友好関係を築くことにより、ロシアの不倶戴天の敵であり、キリスト教から逸脱した「西欧の精神的な圧制」から日本を「解放してあげる」ことは、やりがいのある素晴らしい目標であったに違いない。人民的なレベルにおいて、それは日本人に対する純粋なキリスト教的な愛情の表れであったと言えよう。今日でもよくみられる日本に対するロシア人の好感は部分的に以上のような世界観によって説明できるであろう。(14)

「東洋諸国との平和的な連携を強めよう」という戦略的な方針はロシアの極東政策を貫通していたと言えよう。日露戦争が勃発すると、露清銀行（Русско-Китайский банк）頭取と東清鉄道会社理事長を兼任した人物として積極的な極東外交に大いに貢献したウフトームスキー公爵（Эспер Эсперович Ухтомский, 1861-1921）でさえ、日露戦争によって「東洋の諸民族との友好的な関係が悪化したこと」を極めて残念に思い、自分の心境を次のように苦々しく述べたのである。「この戦闘を誰も望まなかった。（中略）本質的にみれば、敵国〔日本〕と争うことのない領域における大規模な闘争は何のために行われるか。（中略）日本との戦争だ！　この意味のない、無益な戦争は、ヨーロッパ人以外は誰も必要としなかった。両国の世界的な課題からみれば、敵対関係のない日露間の戦争には、大変な思い違いが隠されている。目覚めつつある東洋を抑えようとする西洋に対抗する意味から、数十年前から日本人と密接な関係を築き、自分に懐かせて、兄貴分として彼らを指導し、自然な同盟者として歓迎すべきであった」。(15)「第三のローマ」構想が大きく歪められたとはいえ、世界史的にみれば、ロシアの保護的な帝国主義には欧米諸国の自由主義的な帝国主義に対抗する意義を認められる。そこには自尊心に満ち溢れるメシア主義とは根本的に異なるロシア人民の宗教的な使命主義が発見しうるのである。

すでに述べたように、東洋思想にみられる「上下関係（ヒエラルキー）への尊重」や「権力への服従心」は日本の対外政策において「世界覇権国への追随路線」といった独特な現象の出現に繋がった。日本史を振り返ってみると、日本は世界の最強国との親善関係の維持を常に追求してきたことが明らかである。近世にその役割を果たしたのは、ヨーロッパとの関係を独占していたオランダであった。十九世紀後半になると、「鎖国の夢」から目覚めた日本は「海洋の盟主」たるイギリスの影響下に置かれた。第一次世界大戦後に顕在化した「大日本主義」とでもいうべき自国本位の運動は一九四五年の敗北でその最期を迎えたので、新興国日本は世界最強国たる米国との「特殊な関係」を築かざるをえなかった。「西洋」との同盟関係は当然にロシアとの文明的な対立という状態を作り出したのである。第三国への過剰な日本の依存は日露関係の最大の支障であったと言えよう。その結果、両国間関係は直接的関係としてではなく、第三国に媒介される間接的関係として展開してきたのである。仲介者の存在は日露関係の発展を大きく妨げる要因として機能し、地理的かつ文明的な懸隔を支えつづけた。多くの場合、日本はロシア―西洋間の対立関係を巧みに利用して、国際政治における自国の地位を高めようとしたとも言える。

第3節　第一次世界大戦期における日露関係の緊密化とその裏面

一般人民のなかであまり知られていないとはいえ、日露関係史において、歴史学者の吉村道男が「例外的な友好」の時代と名づけた時期も見いだしうる。(16) それは日露戦後に顕在化して、一九一七年のロシア革命に至るまで続いた。その協調的な関係の頂点として挙げられるのは、一九一六年七月三日に締結された日露秘密同盟協約である。上述したように、すべての障害物が一掃されたかのような「理想的な状態」にある当時の日露関係の研究は両国関係のメカニズムを鮮明化することに大いに貢献すると思われる。

ドイツがロシアに対して宣戦を布告すると、ロシアはすべての軍事的資源を西方戦線に集中せざるを得なくなったが、それを無事に行うために東方の国境の安全保障問題を解決する必要があった。こうした状況下では日本がロシアの困難につけこんで極東に攻め込むのではないかと心配されたが、幸いに、心配は的中しなかった。一九一四年八月二十三日、日本はドイツに対して宣戦を布告し、日露関係は事実上、同盟関係に変容したのである。世界大戦が始まって以来、日本はロシアに対して好意的な態度を示し、戦時のロシアにとって必要な武器・衣料品・原料などを供給するようになった。ロシアは二方面戦争の心配から解放されて、極東駐留の軍隊を西方戦線に移すことができた。政治的・経済的・文化的な関係が次第に親密度を増し、一九一六年の夏に日露の友好関係を象徴する「日露同盟協約」が締結された。第一次世界大戦期において、日露関係は軍事同盟という絶頂点に達したのである。「露独戦争」が勃発すると、日本社会に底流として存在しつづけたロシア脅威論はその根拠を失ってしまったのである。全面的な戦争に巻き込まれたロシア、しかも英国と同盟で結び付けられたロシアは日本を侵略しうる仮想敵とは認められなくなったからである[17]。「欧州大戦」が始まると、ロシア復讐戦を待ちつづけた日本は「不気味な仮想敵」を西方に向かわせることによって、ロシアの脅威を追い払おうとした。ただし、第一次世界大戦はロシア帝国にとって耐えられない試練になったものの、日本はそれを極東における自国の勢力圏を拡大するための好機として迎えたのである。以上の意味において、戦時中の日露接近は明らかに日本有利の「不均等な友好関係」であったと言わざるをえない。総力戦という状況において、ロシアは極東やシベリアの安全保障を事実上、日本側の好意に委ねざるをえなかったからである。その一方、日本側は東アジアにおけるロシアの弱体化に乗じながら、しかもロシアの権威を巧みに利用することにより、東アジアにおける自国の存在感を高めようとした。

日露関係における深刻な不均衡の意識はすでに引用したモギリャーンスキー教授の日記に鮮明に表れている。

「日本における資本主義の更なる発展は近い将来において、日本の政治経済生活に係る体制（уклад）全体になお一層重大な変化をもたらすであろうが、現在でもそれが実業家や資本家たちの政治的な役割の増大としてすでに表れており、こうした事情は日本の国際政策において物質的性格を帯びた利害の高まり〔すなわち、資本主義的な拡張主義〕と結びつくであろう。近い将来において、ロシアやロシアの外交官たちは間違いなく、それを考慮に入れなくてはならなくなるであろうし、将来の重大な紛争を避ける唯一の方法は明白で断固たる政策方針のみで、しかも、その目標は明確に示され、日本側が程なく考慮するようなものでなければならない。曖昧さ、躊躇、まして本音を隠した態度などはいずれも危険であり、紛争への引き金となりかねないのである。（中略）日本の軍事力は常に過小評価されていたが、現在、それはドイツの軍事力にほぼ匹敵すると見なくてはならない」[18]。すなわち、戦時中において日本とロシアとの間に事実上の同盟関係が誕生したものの、ロシア人の側には台頭しつつある日本の帝国主義に対して警戒心が高まるばかりであった。日本の資本などが次第にロシアに浸透しつつあるなかで、日本はロシア人にとって相変わらず「開かれていない国」でありつづけたのである[19]。

世界的分業という観点からすれば、日露両国が異なった役割を担わされてきたことは明瞭な事実であるが、両国の経済的な「互恵性」や「相互補完性」という問題は論壇や学界で約一〇〇年前から大いに注目されてきたものである。特に、「ドイツ人の支配」（«немецкое засилье»）からの解放をスローガンとした第一次世界大戦という状況のなかで、ロシアは貿易の均等化を図りながら、ドイツ資本のシェアを日米英仏諸国に与える方針を明確にしたとき、日本の実業界や日露協会などが中心となって、日露両国の経済的な相互補完性について熱狂的な議論が繰り広げられたのである。当時の日露両国の財界や論壇において、「工業国たる日本と農業国たるロシアの経済的な協力は摩擦を生じさせない理想的なコンビネーションだ」と熱烈に唱えられたなか、一部のロシアの知識人たちはこうした「極めて魅惑的な」構想の危うさの方に注目せざるをえなかった。冷静に考えるロシア社会の代表者たちは、シベリア・極東の産業は幼稚で未発達であるから、日本の産業への一方的な依存関係が成り立ちやすいと考え、政府がシベリアや極東という周辺地域に対して保護主義的な経済政策をとらなくてはならないと主張していた。ロシアの学界や論壇は、こうした相性の悪い関係のことを「片思い」という日本語で形容していたのである。当然なことに、ロシア側は国民経済における「ドイツ人の支配」が一種の「日本の支配」に代わるのではないかと恐れていた[20]。

確かに、世界大戦という状況下において、日露接近を望ましく思っていない第三国ドイツの行動は大いに拘束され、間接的な日露関係の代わりに直接的な二国間関係が登場したかのようであった。「露独戦争」は日露間に直接的なコミュニケーションを成立させる必要性を痛感させたわけであるが、当時の国際政治的な再編プロセスは専らイギリスの先導によって行われ、日露接近は英国によって祝福された便宜的な連携であったと言わざるをえない。一九一七年のロシア革命が示したとおり、英仏両国の資本とのロシアの戦術的な結合は対外政策の致命的な過ちであった。また、日本の政治エリートがより自主的な対外政策への道を探っていたとはいえ、経済的・金融的な側面での欧米諸国への過剰な依存はそれを大きく拘束していたのである。

一九一四年にロシアの雑誌『中国と日本』に掲載された記事の一部分を修正すれば（英国を米国に代えて）、今現在の日露関係の現状をも巧みに描写できると思われる。「日本におけるロシア人の数はあまりにも少ないから、〔日露〕関係の具体的な表れといったものがほとんど見られないのである。（中略）日本は英国の忠実かつ誠実な同盟国であるが、この視点からすれば、日本がロシアの友好国でありつづけるのは、ロシアが英国の友好国であるときのみである。しかし、露英関係が悪化したとき、日本はヨーロッパの「海洋の盟主」との同盟条約を無視してロシアと友好関係を維持しつづけるかどうかは、答えなくても分かるものである」[21]。すなわち、第一に、「例外的な友好」の時代であったとはいえ、対等な日露関係といったものは存在しなかったわけである。第一次世界大戦という状況において、日本に対するロシアの依存が一層強まり、ロシアにおける日本の影響が大いに広がっただけであった。第二に、日露間における脆弱な政治的均衡の維持は、ロシアと日本の同盟国の親善関係にかかっていたのである。ロシアは日本との関係を維持するために、英国との関係をそのまま大事にしなくてはならなかったわけで、外交的な行動の自由がむしろ制約されてしまったと言える。

第一次世界大戦期の日露同盟という興味深い対象が、これまでロシアであまり注目されていなかった一因として、確かに、それがロシア革命や内戦という悲劇的な出来事によって見えにくくなっていたことや共産主義イデオロギーの束縛が挙げられるが、ロシア側からすれば、その同盟を「日露友好の理想」としては位置づけ難いからでもある。むしろ、同時代の日本における「日露友好」の誇張がロシア人の感情を傷つけていたであろう。戦時中のロシアは武器供給問題で日本の支援を仰ぎ、経済的な側面でも日本に協力的な姿勢を取ることを余儀なくされたわけである。もちろん、同時代のロシア人も日本側からの軍事的な支援を感謝しながら受け取っていたが、心の奥底では同盟国としての日本に対して懐疑心を隠すことができなかったのである。というのは、一九〇四年に日本側から「狡猾な奇襲攻撃」を受けたロシア人の心のなかで、日本に対する不信が完全に消えることはなかったからである。一九二〇年から一九二二年にかけて、内戦中のウラジオストック市長を務めたエレメーエフ（Иннокентий Иванович Еремеев, 1869–1925）が同時代の日露関係を「表面的に友好的ではあるが、本質的には不誠実」なものとして評価したのは、そのためにほかならない[22]。

一九一四年にロシア砲兵本部の使節団の一人として日本を訪れたフョードロフ大佐（Федоров Владимир Григорьевич, 1874-1966）は、日本当局の冷淡な対露姿勢を十分に痛感し、それを以下のような言葉で表した。「現在日露両国は、名目上、共通の敵国の壊滅事業における同盟国同士であるから、軍事的な側面におけるすべての改善が共通の目標への貢献になりうるが、恐らく、両国は極めて狭い範囲での同盟国にすぎない。この〔冷淡な対露〕態度であれば、日本の兵士が他の連合国の兵士と並んで共通の戦線に立つことはないであろう[23]」。すなわち、ロシア脅威論を支える要素が全くなくなったとはいえ、ロシアの武器調達に際して日本側は予想外の冷淡な姿勢を示しつづけた。日本のロシアへの協力は、真の同盟国としてではなく、友好的な素振りはあれ、単なる供給国として行われたのである。すなわち、日本の打算的な行動には同盟者としての献身的かつ無欲な精神がほとんどみられなかったわけである。一部の政治勢力（山縣有朋や本野一郎）はロシアを積極的に支援することにより、世界における日本の発言力を高めようとしたにもかかわらず、それはロシアを来るべき革命から救済するには不十分であった[24]。

以上のように、日露同盟の時代は「不均等な関係」で特徴づけられたにもかかわらず、論壇や政界における「日露親善」への注目は日露間の建設的な雰囲気に大いに貢献する安定剤として機能していたに違いない。そこにおいてこそ、同時代の日露関係の特異性というべき一側面が発見しうるであろう。日本側がより積極的かつ無欲でロシアに支援を与えていれば、疑いなく、日露戦争の結果として生じたロシア人の対日不信が緩和され、相互信頼に基づく関係への道が開かれたであろう。あいにく、歴史的な現実がそれに反しており、日本はロシア極東に対して多年にわたり「政治的な威圧」を与えつづけた結果、日露関係は次第にその脆弱なバランスを失ってきたのである。

おわりに――「例外的な友好」の時代の教訓と日露の将来――

二十世紀初頭の日露接近あるいは日露関係の活発化がみられたのは、第一に、日本が満州や中国において勢力圏を拡大し、半大陸国に変容したと同時に、日露両国の勢力圏が隣接したためであろう。東アジアにおける日露両国の利害関係の相互依存は東清鉄道―南満州鉄道の相互補完的な関係およびシベリア横断鉄道の戦略的な重要性に現れたのである。それに加えて、「欧州大戦」の勃発により、帝政ロシアが積極的な極東政策を事実上行えなくなっただけではなく、ロシア―欧州間の連絡が途絶した結果、武器・軍需品の供給面で日本の支援を仰がざるをえなくなったためでもある。大英帝国の最大のライバルたるドイツに対する総力戦の最中、イギリスが日露間のより緊密な関係を祝福したのも、日露接近の一因であったに違いない。以上の特殊な事情が重なった結果、日露間にみられる地理的な懸隔や文明的な疎外性が克服されはじめた感がある。日本が満州に利害をもち、シベリア鉄道が欧亜連絡の大幹線の役割を果たしていた以上、日露・日ソ関係は友好的とは言わないまでも、極めて活発であったのである。もちろん、今後において、似通った国際情勢が生まれるとは予想しがたいし、それは日露両国にとって理想的な提携のモデルではないようである。そもそも、地政学や経済学の立場から、日露両国の「互恵的な協力」の可能性や必然性を立証することは難しい。今日も、日露関係は明白な地理的な懸隔や文明的な疎外性で特徴づけられるほか、世界体制における両国の地位が対照的に異なっているからである。

現代の世界経済体制は「寡占的グローバリズム」（олигархический глобализм）と呼ぶことができる。ピラミッド型をしている世界経済体制はロシア語の文献で「ゴールデン・ビリオン」（«золотой миллиард»）と呼ばれる先進諸国と「第三世界」という二極に大きく分かれている。グローバルなネットワークをつくった金融資本主義は、一方で先進諸国の技術的・軍事的な優勢、他方で「第三世界」の安い賃金や安い天然資源との間にみられる深刻なギャップを巧みに利用することにより、暴利を得ている。むろん、「避雷針」あるいは「スケープゴート」の役割が与えられるのは、専ら「周辺地域」の諸国あるいは植民地である。丸山眞男の用語を借りれば、こうしたピラミッド型の世界体制は正当性のない「抑圧の移譲」の原則に基づいていると言える。「人間憎悪主義的な自由主義」と呼ばれる怪物は市場メカニズムを衰退しつつある国民国家から「血を吸い込む悪魔のポンプ」に変えており、そこには今日の経済体制の罪悪性と不公平さがみられる。[25] 言うまでもなく、日本は「ゴールデン・ビリオン」の代表であるのに対し、無理やりに「世界システム」のなかへ組み込まれたロシアは次第に「第三世界」の典型例に近づいてきているのである。上記のような状況のなかで、日露両国の「相互補完性」あるいは「共生」は現実として到達しがたい理想であろう。たといこうした共生関係が現実になったにしても、それは安定的・長期的な関係に結びつくことはないと思われる。歴史的にみれば、「弱いロシア―強い日本」という日露関係の現況はロシア革命直後のシベリア出兵時代の偏った両国間関係を連想させるのである。

今日の日露関係の緊要問題は極端な分業状態と貧富の格差で特徴づけられる世界経済に秘められているのである。暫くの間、同じような傾向がみられることになれば、「満腹の者は飢えている人にとって友ではない」（«Сытый голодному не товарищ»）というロシアのことわざのごとく、日露間の溝が拡大していくばかりであろう。ただし、第一次世界大戦期の日露接近の背景において、「西洋の没落」に関する両国民の似通った認識が存在したことを考慮すれば、将来の日露関係も「西洋問題」の有無によって大きく左右されるであろうと考えられる。国際政治や経済において、米国の代わりに他の覇権国あるいは他の文明圏が登場することになれば、日露関係の相対的な接近は決して不可能ではないと思われる。総括してみれば、日露関係の将来は二十一世紀という新しい状況において、ロシアが国民経済の復興を成し遂げられるか、日本国が自主的な外交路線を打ち出せるか、そして国際体制の改革に対する両国の立場がどれほど一致するかという三つの課題にかかっていると言えよう。明らかなのは、自由主義的なパラダイムが世界を支配するなか、ロシア国民と日本国民との対等な関係を築き上げることは極めて難しいということである。[26]

[注]

（1）吉村道男『日本とロシア』増補、日本経済評論社、一九九一年、一、四頁参照。

（2）本論において、「ロシア人」、「ロシア国民」、「ロシア文化」といった複合語は、普段国家建設に対して適用される「российский」ではなく、「русский」という意味が込められている。「ロシア」（Россия）という言葉にも地理的・政治的な意味よりも、文明的なニュアンスが与えられていることがある。ロシア国家史の主流をなしている「ロシア性」（русскость）と「非ロシア性」の複雑な対立関係を把握しなければ、日露関係の構造的な問題も「ロシア研究の最前線」も見えてこないと、筆者は考えている。

（3）ロシア史研究会編『日露二〇〇年——隣国ロシアとの交流史』彩流社、一九九三年、九～二一頁。

（4）筆者の国際政治観としては、「国際政治の力学——システム論の視点から」『比較社会文化研究』九州大学大学院比較社会文化学府、第一六号、二〇〇四年十月、一四七～一五八頁：Russo-Japanese Rapprochement during the First World War: World System Factors, *Social and Cultural Studies*, Graduate School of Social and Cultural Studies, Kyushu University, March 2005, No. 17, pp. 93-100:「第一次世界大戦期における日露接近の背景：文明論を中心として」『スラヴ研究』北海道大学スラブ研究センター、第五二号、二〇〇五年、二〇五～二〇七頁：『日露同盟の時代　一九一四～一九一七年——「例外的な友好」の真相』花書院、二〇〇七年、一四～一七、三二七～三二八頁参照。

（5）*Могилянский Н. М.* В гостях у микадо (Дневник)：ГАРФ. Ф. Р-5787. оп. 1. д. 22. С. 105-106.

(6) 『東亜先覚志士記伝』黒龍会出版部、一九三三～一九三六年、全三巻：*Вотинов А.* Японский шпионаж в русско-японскую войну 1904-1905 гг. М.: Воениздат НКО СССР, 1939 参照。

(7) 島田三郎『日本と露西亜』警醒社書店、一九〇〇年、七五～七九頁。

(8) 吉村道男『日本とロシア』一一三頁。

(9) *Ильин И. А.* Наши задачи. Историческая судьба и будущее России: Статьи 1948-1954 годов. Т. I. М.: МП «Рарог», 1992. С. 99-100.

(10) *Достоевский Ф. М.* Полное собрание сочинений в тридцати томах: Дневник писателя. Ленинград: Наука. Т. XXII (январь-апрель 1876 г.). 1981. С. 42-45, 103-119; Т. XXIII (май-октябрь 1876 г.). 1981. С. 38-50; Т. XXV (январь-август 1877 г.). 1983. С. 20-25; *Ильин И. А.* Наши задачи. С. 232-238.

(11) 南博『日本人論――明治から今日まで』岩波現代文庫、二〇〇六年、一八～三二頁：丸山眞男「超国家主義の論理と心理」『丸山眞男集　第三巻』岩波書店、一九九五年、一七～三六頁参照。

(12) 島田三郎「伝来の対露思想」『太陽』一九一五年一月号、一一四頁：島田三郎「日本と露西亜――新協約は天然に還れるなり、誤解を去れば確執なし」『日露実業新報』一九一六年八月、一〇～一一頁：外川継男「日露・日ソ関係の特徴」一三～一四頁：吉村道男『日本とロシア』二～三頁：志水速雄『日本人はなぜソ連が嫌いか』山手書房、一九八四年、二頁。

(13) 例えば、*Черевко К. Е.* Зарождение русско-японских отношений (XVII-XVIII века). М.: Наука, 1999. С. 186-206；和田春樹『開国日露国境交渉』日本放送出版協会、一九九一年、一六三～一六五、一八〇～一八一、一八六～一八七頁参照。

(14) バールィシェフ・エドワルド『日露同盟の時代』六五～六八頁；*Дугин А. Г.* Основы геополитики. Геополитическое будущее России. Мыслить пространством. Изд. 4-ое. М.: Арктогея-центр, 2000. С. 231 参照。

(15) *Ухтомский Э. Э.* Перед грозным будущим: К русско-японскому столкновению. СПб.: Восток, 1904. С. 5-7.

(16) 吉村道男『日本とロシア』九～一〇頁。

(17) *Вонсович И. И.* Русско-японское торговое сближение и меры к его развитию // Вестник торгово-справочного бюро, 1916, № 1. С.19-21；『日露貿易』大連、関東都督府民政部、一九一六年、一～二頁参照。

(18) *Могилянский Н. М.* В гостях у микадо (Дневник): ГАРФ. Ф. Р-5787, оп. 1, д. 22. С. 105-106.

(19) Современный водоворот // Китай и Япония: Обзор периодической печати, № 229, июнь 1915 г. С. 75-78; Приезд нашего великого князя в Японию; Наша дальневосточная журналистика // Китай и Япония, № 236, январь 1916 г. С. 122-123, 135-137; Русско-японское соглашение // Вестник Азии: Журнал Общества Русских Ориенталистов. Кн.

II–III, № 38–39, 1916 г. С. 259–260.

（20）Проблемы Приамурья // Вестник Азии. Кн. III–IV, № 35–36, 1915. С. 98–99 ; Московская торговая экспедиция в Японию // Китай и Япония, № 232, сентябрь 1915 г. С. 74–76 ; Граф Окума о японской дипломатии // Китай и Япония, № 234, ноябрь 1915 г. С. 79–80 ; Тесное единение // Китай и Япония, № 235, декабрь 1915 г. С. 69–71 ; Русско-японская торговля // Китай и Япония, № 240, май 1916 г. С. 59–60 ; Заседание Японского Отдела // Вестник Императорского Общества Востоковедения, 15 октября 1916 г., № 6. С. 119–122 ; Русско-японский товарообмен // Китай и Япония, № 248, январь 1917 г. С. 31–51.

（21）Русско-японские отношения // Китай и Япония : № 208, 13.09.1914. С. 44–45.

（22）И. И. Еремеев о «Японо-русском кооперативе во Владивостоке», 日本外務省外交史料館所蔵、第三、三−一、五八号、『日露購買組合関係雑件』一三五頁。

（23）*Федоров В. Г.* В поисках оружия. М. : Воениздат, 1964. С. 48.

（24）バールィシェフ『日露同盟の時代』一一一〜一一五、一三三〜一三七、一五二〜一五四、一七四〜一九一頁参照。

（25）*Ключников Б. Ф.* ВТО - дорога в рабство. М. : Эксмо-Алгоритм, 2005. С. 5. グローバリズムへのシニカルな賛美は一九九〇年代初期に欧州復興開発銀行長を務めたジャック・アタリの以下の著作において鮮明に表れている（Jacques Attali, *Millennium : Winners and Losers in the Coming World Order*, New York, The Times Books, 1991）。

（26）「西洋没落論」と日露接近というテーマに関しては、前掲の拙稿「第一次世界大戦期における日露接近の背景」（二〇五〜二四〇頁）参照。

第8章 「4でも0でも、2でもなく」再論
——日露の今とこれから——

岩下明裕

はじめに——「北方領土問題」と日露関係の転換点——

二〇〇九年という年は日露関係における質的な転換にさしかかった年として後世に記録されることになろう。第一に、七月八日の北方領土問題等解決促進特別措置法（以下、北特法）の改正を通じて、「北方領土」が日本の「固有の領土」であると法制化されたことにより、「北方領土問題」の早期解決が難しくなったことである。第二に、にもかかわらず、三〇〇億ドルに届く貿易額の急増にみられる経済関係の発展、サハリンプロジェクトの始動や原子力協定に代表されるエネルギー協力を軸とした相互依存の始まり、あるいは戦略対話の強化といったような、日露間のパートナーシップが急激に拡大・深化し、その関係が実質をもちはじめたことである。旧来の日露関係は、その実体的な関係の薄さを背景に、「北方領土問題」が解決して初めて日露の関係協力が実質化する（いわゆる、「入口論」）か、日露の関係協力の実質化を通じて「北方領土問題」が解決する（いわゆる、「出口論」）の二つの指向の対抗軸で理解されていた。「拡大均衡」や「重層的アプローチ」といった当時、斬新にみえた対露・アプローチにしても、日露の実体的な関係が弱いという認識を前提とされたものであり、いわばその認識のもとに、「北方

領土問題」の解決の手順を議論したものであった。ところが、「北方領土問題」は当面、解決しない、しかし日露関係は実体的に拡大・深化するという流れがいまや客観的には顕在化しつつある。このような現象は、これまでの日露関係にみられなかったものである。本章は、この日露関係の現状を関係の新たな段階ととらえ、今後の日露関係の方向とそれをとりまく国際環境のなかで分析し、それを通じて、「北方領土問題」が今後どのようなかたちで争点とされていくかを予見する。

日露関係に緊張を引き起こした北特法の改正は、そもそも「北方領土問題」の長期化により経済が疲弊した根室地域をより支援する地域振興的性格をもったものだが、その審議プロセスで「北方領土問題」にかかわる運動の中核を担う宮腰光寛議員らの主張をうけ、急遽、この文言が挿入されたことに端を発する。「固有の領土」なる表現は、日本の社会において、長年、無批判に受容されており、誰もが「北方領土」を日本の「固有の領土」であることに疑いをもたない状況があったため、法制化がロシアの激しい反発を引き起こしかねないことを日本側はあまり自覚していなかった。法制化の過程で、五月二十日の参議院予算員会で麻生太郎首相が「固有の領土」である「北方四島」をロシアが「不法占拠」を続けているのは遺憾だとした発言が、ロシア側の神経をさらに逆なでした。客観的に整理すれば、日本が根室地域に対する支援をここで強化し、その前提として「北方四島」を「固有の領土」と法的に位置づけたことは、（体制崩壊直後でも、一九九八年四月の川奈会談においても「四島返還」を受け入れることができなかった）ロシアの立場が急転する見込みなどないかぎり、交渉の長期化（当面、「北方領土問題」は解決しないということ）が日露関係の与件となったことをこれまで以上に明らかにした。

ロシアの反発にはタイミングの問題も重要である。北特法改正直前の二〇〇九年二月に、麻生太郎首相とメドベージェフ大統領の間で、問題解決に対して（これまでと異なる）「独創的で型にはまらないアプローチ」での解決をめざすというやりとりがなされ、四月中旬に谷内正太郎政府代表が「個人的には『三・五島』返還でもかまわない」とする発言をしたと報じられるなど[1]、日本政府は「四島返還」にこだわる頑な立場を若干、緩和するかのようなシグナルを発していたからだ。最大限譲歩しても「二島返還」で最終決着だとするロシアからみれば、もの足りない譲歩であろうが、にもかかわらず、これを受けてロシア側も一歩踏み込んだ柔軟な新提案をするのではないかと期待されていた。そのような矢先に、日本がまた立場を変え、再び交渉のハードルをあげたかのように、ロシアにはみえたからである。

これまでの対露交渉を振り返れば、自ら柔軟な姿勢をみせ、相手がそれにあわせて譲歩をすると、それを弱さとみて、再び交渉のハードルをあげるということを日本は何度か繰り返してきた。日露関係についていえば、一九五〇年代中庸のソ連時代の国交正常化交渉で、領土問題をめぐってそのようなケースがあった。すなわち、①南樺太と全千島の返還、②全千島返還、③色丹と歯舞の返還の三つのカードを持って交渉に臨んだ日本側は、フルシチョフが「二島の引き渡し」を提案すると、急にこれまでの訓令になかった南千島（択捉・国後）の返還を要求し始め、ソ連側の反発と不信を呼び起こした（この交渉プロセスを通じて、当初、「二島返還」で御の字と考えていた日本が「四島返還」を新たな政策とした）[2]。同様なことは、ロシアに変わった一九九〇年代後半の交渉でも起こっている。いわゆるイルクーツク声明で、「二島引き渡し」が文言化された一九五六年の日ソ共同宣言をベースに、歯舞・色丹と国後・択捉を分けて交渉を進めようと日本が柔軟姿勢をみせた後、鈴木宗男議員をめぐる政治スキャンダルの影響を受け、再び「四島一括」での交渉をベースとする旧来の立場に戻り、ハードルをあげたケースだ。あえて単純化すれば、ロシアからみて、日本という国は、よく言えば、こちらがすこしでも引く姿勢をみせれば、次々と掛け金をつりあげていくタフな交渉相手、悪く言えば、相互に折り合って解決をしうる道筋を作る交渉においては信頼できない相手に違いない。このような交渉の途中でハードルをあげていく日本の交渉術は、北朝鮮との「拉致」問題においてもみられており、必ずしも対ロシア外交だけに限られるものではない。

第１節　北特法改正をめぐり、はっきりしたこと

(1)　「固有の領土」と先占

さてその改正北特法であるが、「北方領土」を「固有の領土」とするが、その説明は全くない。麻生首相の「不法占拠」発言のなかでは「北方四島は一度として外国の領土となったことがないわが国固有の領土だ」と言及されている。日本のなかで当たり前のように使われる「固有の領土」という表現であるが、それをどのように説明するかは実は容易ではない。最近では「一度として外国の領土となっていない」という意味が定着しているようにも思えるが、紆余曲折があったようだ。「四島返還」が、日ソ国交正常化交渉のなかでソ連に対して主張され始めた経緯を鑑み、この時期の表現を拾ってみれば、例えば、一九五六年三月十日に重光葵外相が衆議院外務委員会で、国後、択捉について「多数日本人のみの居住する固有の領土であり、かつていかなる外国の支配下にも属したことがない」と主張している[3]。

この「多数日本人のみの居住する」という表現は興味深い。近年、この主張を聞くことがあまりないからだ。この論点は、いわば、日本人だけがこの土地でずっと暮らしてきた、つまり、混住がほとんどなかったということを強調する。これは満州や台湾はもとより、北緯五〇度線以南を支配した南樺太には残留ロシア人がいたことと区別することを可能にする方便といえる（朝鮮人は当時は「日本人」であるから、この場合は一応、除外される）。し

かし、他の係争地や現状を考えるとこの主張を貫くことは容易ではない。実際、「多数日本人のみの居住する」ことを「固有の領土」の要件とすれば、空島の状態が続いた尖閣や竹島にこれはあてはまらない。さらに、「四島返還」後のロシア人との「共住」をある程度覚悟した現状では、この種の主張は通しにくい。敗戦直後の現状復帰、つまり「多数日本人のみの居住する」点を徹底するのであれば、当然、ロシア人は日本の「固有の領土」から駆逐されなければならないからだ。そもそも多くの定住外国人が存在し、外国人との「共生」をどのように実現するかがアジェンダにあっている現代日本の民主主義社会においてこのような議論が受け入れられる余地もない。

現在では「固有」の意味を、「いまだかつて一度も外国の領土となったことがない」と説明することで、「北方四島」を北千島や樺太と区別しようとするのが通説であろう。すなわち、一八五五年の下田条約で、ウルップと択捉の間を日本とロシアの国境と定めた後、北千島を南樺太との交換により日本領とした一八七五年のサンクトペテルブルグ条約においても、南樺太を割譲させた一九〇五年のポーツマス条約においても、択捉と国後の南千島は一度もロシアのものになったことがなかったというのがそれである。

しかし、「固有の領土」を四島に限定しない見解も実は公的に近い立場でなされている。総務省外郭団体である北方領土問題対策協会が根室市と一緒に刊行している『日本の領土　北方領土』は「……得撫島以北占守島に至る島々は、ロシア人によって開発された樺太の一部に対する領有権を放棄する代償としてロシアから譲渡されたものであって、これまた国後島、択捉島となんら異なるところがなく、わが国固有の領土と見なされるべきである」「歯舞群島、色丹島、国後島、択捉島は勿論、得撫島以北の千島列島はわが国固有の領土なのである。北海道、本州、四国、九州と同じ日本の固有の領土であって、……」という。

他方でこの本は、「『固有の領土』の定義については、……国際法上からみると、無主の土地を他の国家に先だって実効支配することによって成立」「無主の土地とは、どこの国にも属さない土地で、住民が住んでいない土地という意味ではない」。「支配する国家がその土地を自分の領域とする意志をなんらかの形で表示し、その土地を実効的に支配すること」とする。[4]これでは、北千島が「固有の領土」になるはずもなく、「固有の領土」を説得的に説明する難しさが読み取れる。だがむしろ検討すべきは、この主張が国際法における先占の論理を援用していることであろう。

いうまでもなく、先占論はヨーロッパで列強がアジア諸国を「無主の土地」とみなして植民地化していく際、その行為の正当化に援用された法理であり、「帝国主義」あるいは「帝国」形成のプロセスと密接に結びついている。例えば、日本がそもそも琉球処分によって実質的に、日清戦争後の下関条約によって法的に、支配を確定させた旧「琉球王国」の版図に属する尖閣列島を「固有の領土」と称し、また北海道や千島に暮らすアイヌの存在をほとんど無視する立論とこれは通底している。従って、「諸人民」「先住民」の諸権利の尊重を前提として国際社会のルールを整備している第二次世界大戦後の国際社会において、先占のみを根拠として、係争地の「返還」を求めることは容易ではない。「いまだかつて一度も外国の領土となったことがない」と言う表現で「固有の領土」としての位置づけを前面にたてるかたちで、実質的には先占論に近い内容の主張を展開するのは、先占のもつ先住民に対する「帝国」的文脈を消し去ることを目的としているのだろう。

それゆえ、「固有の領土」なる表現は、度重なる戦争によって国家の盛衰や国境線の変動を経験してきたヨーロッパにおいてあまり理解されないだけでなく、「先占」の主張とかさなることで国際社会に対してもアピールしにくい論理構成となる。アジアはヨーロッパのように頻繁に国境線が移動していないから違うという主張は議論としては成り立つが、第一に東アジアの国際社会がどちらかといえば属人主義にたち、領域をベースとした国際関係を基盤としてはいなかったこと、第二にその東アジアに属する韓国や中国が日本との国境問題でヨーロッパの古い法理である先占について、日本の主張に対抗していることを考慮すれば、事情がヨーロッパと違うといいながら、ヨーロッパの法理で自己主張せざるをえない自家撞着が目立つばかりである[5]。

林忠行は「固有の領土」を英語に置き換えた場合、単なる「不可分の領土（an integral part）」という意味にすぎず、この表現にはあまり意味がないと看破したが[6]、国際社会が「四島返還」という日本の主張にある程度、耳を傾けているとすれば、それは「固有の領土」論が理解されているのではなく、むしろ、日ソ中立条約の一方的破棄、ヤルタの密約といったソ連の「膨張主義」的な行為についての反発に依拠するものが多いと思われる[7]。

(2)「不法占拠」と「引き渡し」のあいだ

私の『北方領土問題：4でも0でも、2でもなく』（中公新書、二〇〇五年）刊行以前には、（専門家を除いて）一般的には疑問を呈されることの多くはなかった、「四島返還」論であるが、ここでは前書ではあまり言及しなかった論点について整理しておきたい。まず、日本人の多くは基本的に日露のこの交渉を「固有の領土」の「返還」のためだと理解している。これは、日本が降伏した後にソ連は「固有の領土」の「北方四島」を一方的に占領し、不法にその状態を続けているという認識にたつからだ。しかし、ロシアは島を「返還する」と表現したことはなく、「二島」にしてもあくまで「善意」で「引き渡す」というに過ぎない。すなわち、ロシア側は島の占領もその後の継続支配も一切、不法な行為だと考えてもいないし、認める気などないということだ。実は、この「返還」と「引き渡し」の違いは、単に言葉の表現にとどまらず、その背景にある世界観ともいえる認識の相違が横たわっている。

私は中露の国境問題を長年、研究してきたが、この種の認識のギャップを埋めることはほぼ絶望的な行為だと考えている。中国は十九世紀に極東の多くを失った愛琿、北京の両条約を「不平等条約」と主張し、これをソ連に認めることを長年、強硬に主張し続けてきた。だがアムール川とウスリー川の国境線をめぐる問題を法的に最終決着させ、一部の島を返し、また平和友好条約を結び「お互いに領土要求はない」と確認した今でさえ、ロシアは十九世紀の条約を「不平等条約」だと決してみとめることはない。翻って、中国もまたあの条約の不平等性に対する主張を下ろすことはない。これをめぐる議論はいまでも中露の専門家のなかで歴史論争として続いている。要するに、歴史認識のギャップは国境問題が解決した後でさえ残ると言うことである。[8]逆に言えば、歴史認識のギャップにもかかわらず、問題が解決可能であることを中露のケースは示唆している。

そうだとすれば、日露の交渉において、ある段階から、双方が「返還」と「引き渡し」の隘路に踏み込まずに交渉を続けてきたことはある意味で理性的だとみなすことができる。それゆえ、麻生太郎に代表されるような軽率な「不法占拠」発言の再生産は、不毛な認識ギャップをめぐる論争を再燃させ、すくなくとも現在まで積み重ねた「理性的」な交渉を妨げる効果をもつ。実際、論理的に詰めて考えてほしい。そもそも「不法占拠」の相手に対しては、即時退去はおろか、占拠中の賠償請求を権利として主張すべきであろう。ところが、日本がここまでとってきたアプローチはそうではない。「不法占拠」であるがゆえに相手に要求すべき「四島即時一括返還」の論理を転換したのが、一九九一年十月の中山太郎外相による訪ソ時である。このとき、日本は「四島」さえ返してくれれば、その時期や様態を問わないという趣旨の主張を行い、それまでの「即時一括返還」の旗を降ろしたとされるからだ。[9]この前後の時期、様々な関係者が日本からの経済支援と引き替えに「四島」の引き渡しをロシアに働きかけた話は有名である。[10]これら転換を一言で整理すれば、「不法占拠」し続けてきた相手に対し、「返すのはいつでもいいから」「お金を払うから」という「柔軟」なアプローチを日本は採用したのである。その後、このアプローチはますます「柔軟化」し、「不法占拠」の議論は後退し、むしろ国境画定の必要性を強調し、四島の主権さえ認めてくれさえすれば、時期や様態は要相談とする提案につながる。この意味で「ロシアの施政を合法的」とした、一九九八年の川奈提案は、いわばロシアによる「不法占拠」を前提としたこれまでの主張から決定的に決別したものといえよう。[11]

川奈以後の日露交渉は、旧来の議論の前提を換骨奪胎した「引き渡し」論であり、もはやそれを「返還」とする主張の基礎を掘り崩したともいえる。「共住」「ロシア人の移住支援」などといった九〇年代前半以上に、「弱腰」の論議が登場してくるのも、この路線転換ゆえのことといえる。従って、一部の民族主義的主張を堅持する人々が、当時、川奈提案に反発した理由は理解しうる。[12] 四島を認めてもらうかわりに、歯舞・色丹の返還時期が遅れるかもしれないといった様態を考慮した譲歩以上に、川奈を契機に根本的な路線転換が行われた方がより重要である。要するに、四島を一括して相手に日本のものだと認めさせるために、これまでの言説のパラダイムを変えたのだ。にもかかわらず、多くの日本人は「四島」というその島の数が同じであることから、自らの主張の論理構成が変化したことに無自覚であったと思われる。ロシア人による「不法占拠」だという認識を自国民の間では共有しながらも、その相手に「柔軟なアプローチ」や「支援」の姿勢をみなければならない矛盾、主張が依拠する前提と実際の提案の乖離が、「四島返還」をめぐる今の論壇の混迷を引き起こしている。この文脈において、日本による「不法占拠」の強調は、ロシアにすれば、日露交渉の近年の積み重ねを「逆転」させる行為に思えるのは自然といえる。

(3) 算術としての「四島」を越えて

結局、日ソ国交回復交渉のある段階から、一九九一年の中山提案、一九九八年の川奈提案を経た今日までの日本の主張の一貫性はどこにあるのだろうか、一言でいえば、何が何でも「四島」を渡せということにつきる。「四島」さえ引き渡してくれれば、過去を問わない、金を払ってもいい、できることは何でもやる、それが、いわば日本の今日の立場といえる。しかし、ここで再び同じ疑念に立ち盛らざるを得ない。果たして日本がここまで固執し、至上価値とした「4」という数字はいったい何なのか、という論点である。

これに関して、私は前述『北方領土問題：4でも0でも、2でもなく』のなかで、とある分析を示したことがある。そもそも「4」という数字は、敗戦後にかつて一体化していた経済圏から切り離され疲弊した根室が地域の主張としてかかげたものであった（安藤根室町長らのマッカーサーへの直訴）。他方で、日本政府は「2（国後・択捉の南千島）」をサンフランシスコ平和条約で放棄し、「2（色丹と歯舞）」を受け取ることでソ連と平和条約を結ぶ一歩手前までいった。しかし、米国の圧力や結党直後の自民党議拘束により、残りの「2」を放棄できなくなった日本の交渉団が、「2（色丹と歯舞の引き渡し）＋2（国後と択捉の継続交渉）」をソ連側に要求したため、交渉が手詰まりとなり、平和条約の代わりに共同宣言が締結された。そしてこの宣言に「平和条約締結後の二島の引き渡し」が書き込まれたが、残りの「2」は文言として残ることはなかった。その後、日本政府は「2＋2」を「4」と一つのカテゴリーで聖域化し、国後と択捉はサンフランシスコ平和条約で放棄した千島ではないから「南千島」の呼称を廃し、先の「2」と併せ、この四を「北方四島」すなわち、「北方領土」と名付け、全国的な運動を展開していく。このプロセスを丹念に追跡することで、いわば「四島」というくくりが、後年、政治的に言説化され、運動としてシンボライズされたものにすぎないことを整理したのが、前書で問題提起した「四島返還再考」

である。[13]

しかし、「四島返還」の言説としての虚構は、「2」から「2＋2」を経て「4」へと政治的文脈のなかで変化していった点にのみとどまらない。「4」を一体として考える算術の問題点は最初の「2」という数字の中にもあらわれている。すなわち、純粋な島の数で言えば、北方領土は「4」、つまり択捉、国後、色丹、歯舞といわれる島々から成立しているわけではない。とくに歯舞についていえば、これはかつてまとまった数の日本人が住んでいたことにより水晶島、秋勇留島、勇留島、志発島、多楽島の五つに代表されるが、実際に根室の納沙布岬からみえる貝殻島（実際には岩礁で灯台が設置されている）、オドケ島（小さな岩礁）、萌茂尻《モエモシリ》島、春苅《ハルカル》島（勇留島に隣接する有人島）、海馬《トド》島、カブト島（いずれも、多楽島に近い無人島）など多数の無人の小島あるいは岩の一群を示している（二〇〇八年に歯舞諸島の名称を歯舞群島に統一）。これらは歯舞を「一つ」と数えるところにも算術がみてとれる。

第一にそもそもこれらの島々は、根室半島に本村を有していた珸瑶瑁《ゴヨウマイ》村、その後名称を変更した歯舞村（現在は根室市）の離島であり、その一部を構成していた。従って、戦後においてもしばしば珸瑶瑁諸島と呼ばれていた。基本行政上の歴史や人々の生活様態からいって、群島が北海道、とくに根室の一部であることには全く疑いない。基本的にこの群島と同じ位置づけにある色丹が、一時期とはいえ、南千島であった国後、択捉と同じ管轄に置かれたのに対し、歯舞群島を構成する島嶼は一度もそのような経緯がない。[14]

第二に占領過程の問題がある。ポツダム宣言を受諾した八月十四日を日本の降伏とみる考え方（それを国民に公表した八月十五日ではない）は国際的にあまり通用しないのはよく知られているが、歯舞の占領完了は日本が降伏文書に調印した九月二日以降の、九月五日であるからだ。正式な降伏文書調印後に占領したという事実は、ロシア

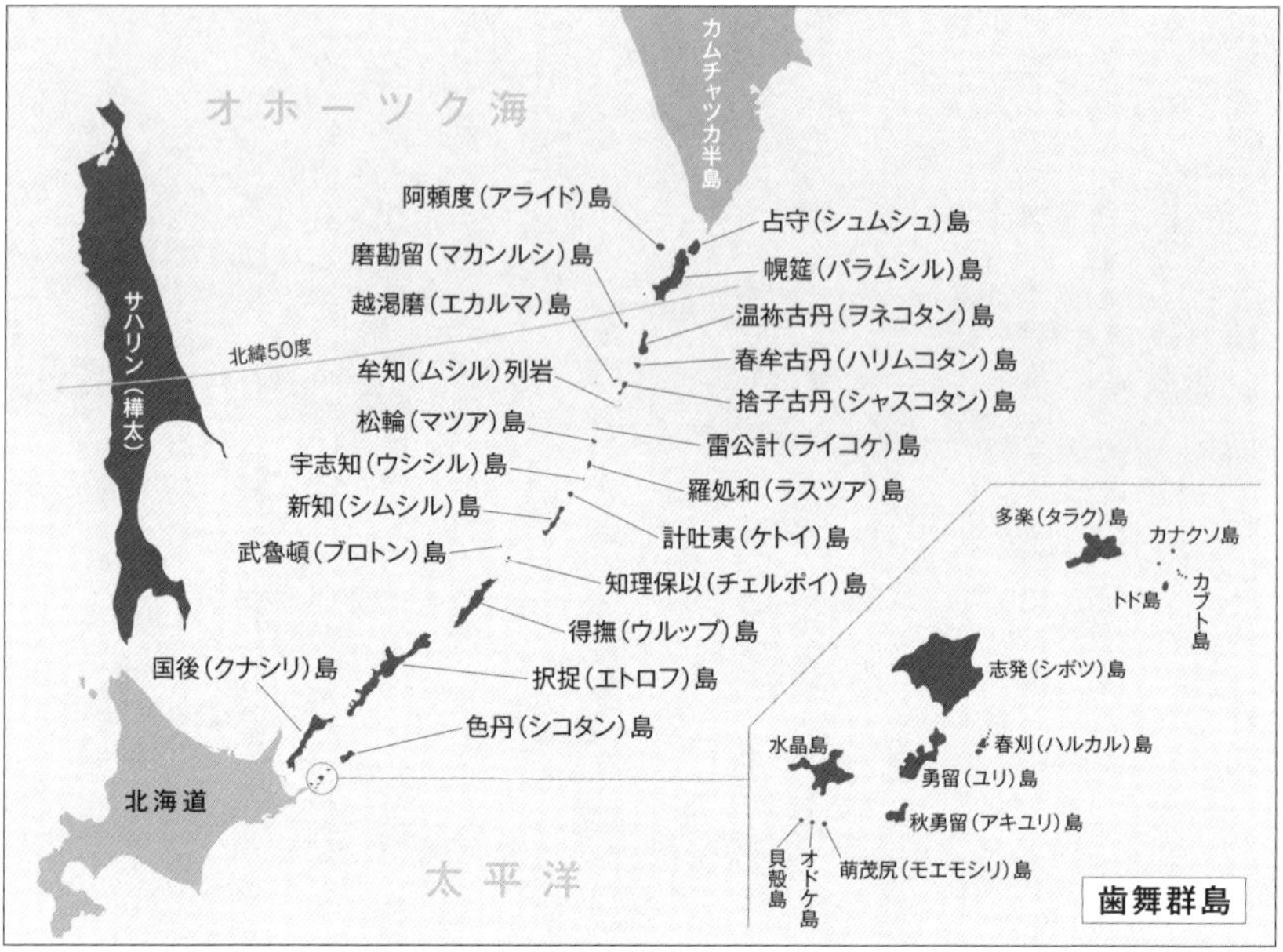

図1

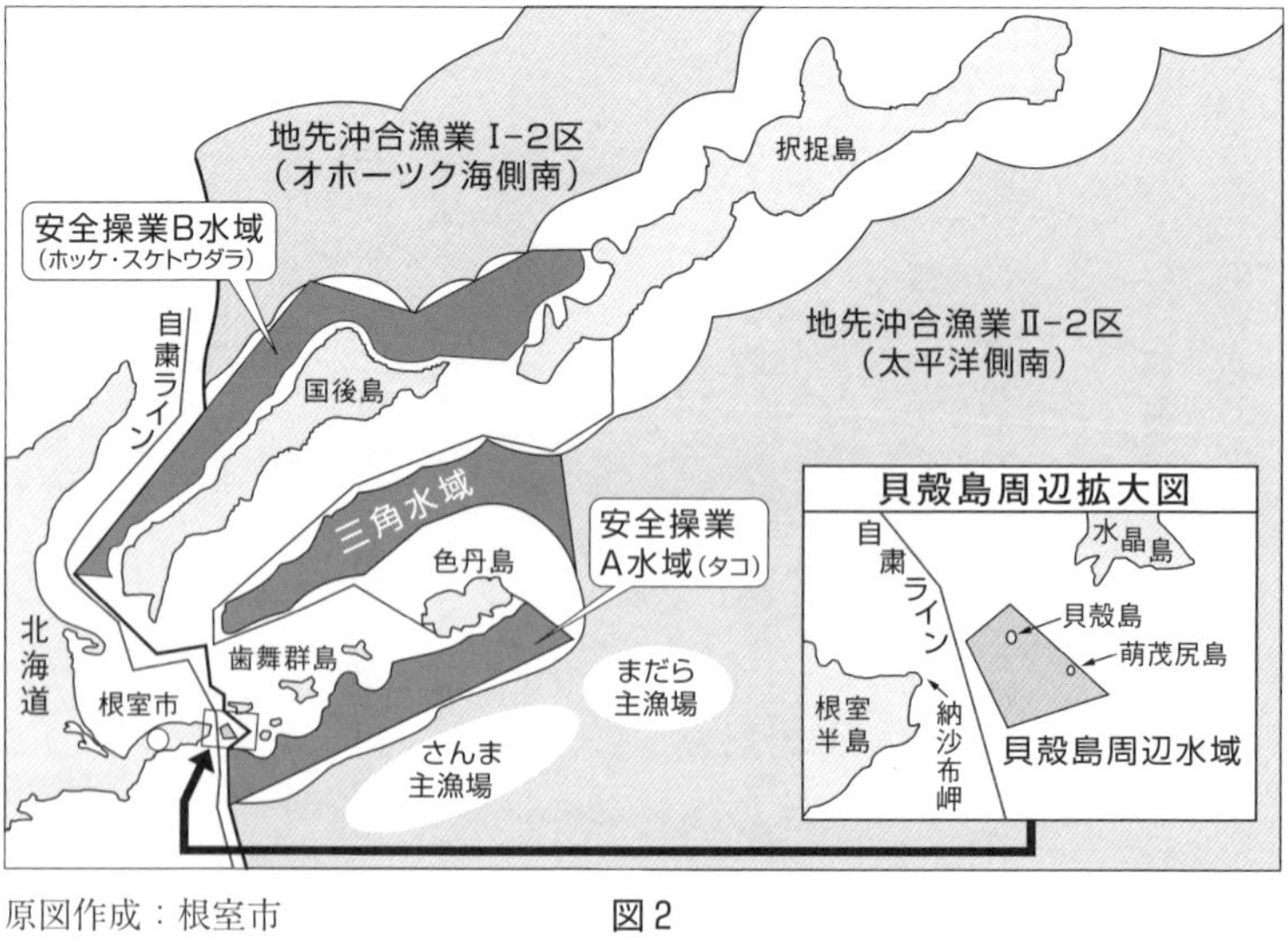

原図作成：根室市　　図2

側にとって厳しい論点である。

第三に、にもかかわらず、現在の納沙布岬から見える「境界線」が、ソ連の「北方領土」占領直後から置かれていたわけではない。コンブ漁の「入漁許可」をめぐる議論で毎年のようにその存在が注目される貝殻島灯台。ちっぽけな岩礁のあるこの海域は、戦後三年間は日本が実効支配していた。戦後直後の「中間ライン」はマッカーサーにより水晶島と納沙布岬の間で引かれ、その結果、貝殻島は日本の水域になったからだ。ところがＧＨＱは四八年十二月、再調査の結果として、ラインを納沙布岬と貝殻島の間に引き直した。ラインそのものはサンフランシスコ講和条約の発効前に廃止されたにもかかわらず、いわゆる、「マッカーサー・ライン」はその後も継承され、漁民によるコンブ漁の障害となり、今日まで続いている。この問題は技術的な微調整のようにもみえるが、より大きな論点を含んでいる。つまり、「四島」を一括して「北方領土」と理解するならば、それは日本の敗戦過程による軍事占領のみによって生じたものではないからだ。米国の判断により、戦争終了後しばらくたってから、貝殻島はソ連に引き渡されたのであり、その結果、地元の市民が苦しめられることになった。[15]「歯舞」を一つとするフィクションは、ソ連によって一方的に軍事占領された「北方四島」という言説の説得力を奪いかねない。

写真１　納沙布岬から見た「国境」
（長嶋俊介氏撮影）

これらの歯舞群島の状況をもとに、サンフランシスコ平和条約締結のときから、米国が歯舞は千島ではないとする明快な立場をとり続けたこと（サンフランシスコ平和条約時のダレス発言など）[16]、ロシア側が二島引き渡しを許容していることを勘案すれば、歯舞を「一」と数え、色丹とあわせて常に「2」という枠組みで思考を設定したことに隘路が見いだせる。もちろん、交渉において、外交当事者は「2（歯舞・色丹）」よりは「4（2＋南千島の2）」、「4」より「22（4＋中千島・北千島の18）」というように算術的思考をするのであろうから、色丹と歯舞をわけて考える思考は当時としては後ろ向きだったに違いない。しかし、「二島引き渡し」が平和条約と堅く結びついてしまった以上、この「2」を「1」＋「1」あるいは、歯舞の「1」さえも分解してみることは、交渉において積極的意味をもつ可能性がある。すなわち、ロシア側は「二島引き渡し」は平和条約とセットであるから平和条約なき「二島引き渡し」は飲めない、他方で日本側は「二島」で平和条約であれば、次の「2」であるから飲めないというデッドロックを、「歯舞群島の即時引き渡し」により乗り越えるという示唆である。色丹島に触れないかたちであれば、平和条約以前に貝殻島などの歯舞の一部が引き渡されたとしても、日露双方ともこれまでの交渉の蓄積と論理に瑕疵をもたらすことにならない。

日本にとっては何よりも、コンブ漁問題など国境隣接地域の住民たちの直接的な利益になるとともに、近年、閉塞感の強い「北方領土返還運動」の刺激となりうる。ロシア側にしても一般住民がいない歯舞あるいはその一部を日本に引き渡すことが、最終決着にむけての友好関係の構築プロセスのなかでうまく位置づけることができれば問題は少ない（「二島引き渡し」を約束している以上、彼らが最大限譲歩とする線まで踏み込むわけではないからだ）。これによって、平和条約と分かちがたく結びついてしまった「二島引き渡し」の隘路を突破し、日露関係にある種の問題解決へ向けたモメンタムをもたらすことができよう。もちろん、常に折り合うことを「ルーズ・ルーズ」として後ろ向きに考える人たちはこれにも反対しよう。「歯舞先行」により「二島返還」で終わる可能性が高まる、あるいは「四島一括」がますます遠のくというのがそれだ。「4」がそもそも算術であり、その数字フェティシズムとでもいうこれまでのアプローチが、日本の国益に反することが明確になり始めた昨今、「4」の算術を再考する方法は、「2」と「4」の間にのみならず、「ゼロ」と「2」の間にもあることを意識すべきだろう。それは現在の国際関係のダイナミズムを分析すればするほどに、議論の立て直しが急務であることが理解されることに加えて。

第2節　日露関係の現状と国際関係におけるシナリオ

(1)　北東アジアにおける日米中露の「四角形」

冒頭で述べたように、かつてないレベルで日露関係が発展し始めている一方で、「北方領土問題」の解決は長期戦の様相を示している。しかし、両国ともより安定的にかつ強固な関係を発展させるための法的基礎、すなわち、第二次世界大戦終結後、六〇年以上も棚晒しにされつづけてきた関係に終止符を打つ平和条約を締結する意志をもっており、「北方領土問題」を放置するつもりはない。ロシアが「四島返還」を呑めず、日本が「二島引き落とし」で譲歩しえない以上、「相互に受け入れ可能な」最終決着の様態は、結局、「2と4のあいだ」で折り合うことがもっとも建設的であり、「2＋α」の「α」が鍵となるのは、基線である。ここでは前著『北方領土問題』では深入りしなかった国際関係の変化における環境的ファクターがどのように日露関係に影響を与え、「北方領土問題」の解決に響くかについて検討する。

私の旧来の議論は、二ヵ国間関係が実体的に薄いからこそ、国際的要因に左右されないためにも、「北方領土問

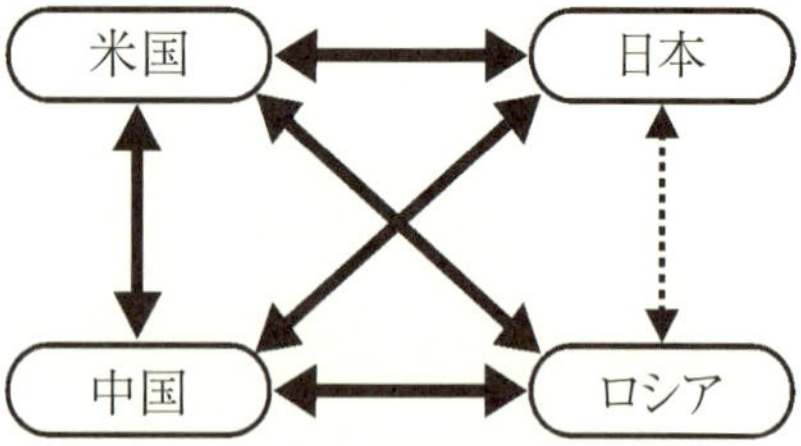

図3　日露関係：旧来の「薄い実体」

題」の解決を先取りすることを通じて、未来志向の日露関係をつくろうというメッセージを含んでいた。だが実体的関係の薄さがもはや問題でなくなるとすれば、逆に実体が以後、形成されていくことが前提であれば、（中国を「共通の敵」として無理矢理、日露の関係をつくるといった類の）国際的要因に引き回されるような議論を懸念する必要もない。換言すれば、実体的関係が薄いがゆえに、突出したナショナル・イシューとしてシンボル化され続けてきた「北方領土問題」が、実質化した日露関係の形成とともに、ローカルなイッシュー化するならば（「2」と「4」、あるいは「0」と「2」の間に注目する本章の議論はそのような問題意識にたつ）、解決はより「技術的」なものとなりやすく、この文脈ではむしろ国際環境の変化を機会として積極的に位置づけ、日露関係の方向性を建設的に議論しうる。北東アジアにおける日米中露の四角形をもとに、日露以外の関係性の軸の変化が日露関係にどのように影響を与えるか、以下でシミュレーションしてみよう。[17]

(2)　2－2フォーメーション

四角形を対抗関係でブレイクダウンしてくと、極端な2つのケースが、4－0、1－1－1－1のフォーメーションである。4－0とは、日米中露のすべてが良好な関係で同盟もしくは準同盟的な関係を有するケースであり、1－1－1－1とは、四ヵ国すべてがまったくばらばらで一つも良好な関係がないケースである。ただし、この二つのケースはあくまでも「操作上」の可能性にとどまり、その蓋然性は高くない。従って、本章では検討対象としない。

常識的な思考実験で、もっとも思いつくのが2－2フォーメーションである。これは、①日米対中露、②米中対日露、③米露対日中の三つのパターンが考えられる。この三つのなかで誰もが容易に思いつく、ある意味で「通説的」理解が、①であろう。つまり、次図のような日米同盟と中露の戦略的パートナーシップが対立するケースである。

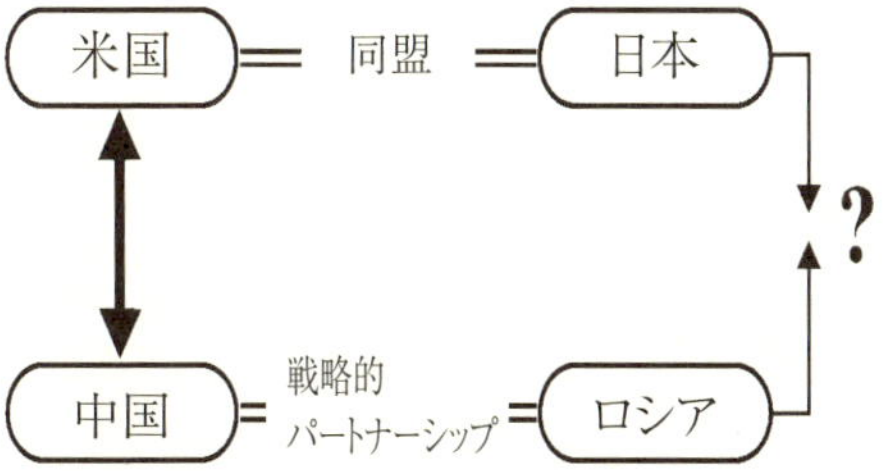

図4 「2－2」のステレオタイプ

ここで留意すべきポイントは北東アジアというシアターでは、米露関係がメインの軸ではないという点だろう。米露の利害は、戦略核および戦略防衛を基本としたグローバルなレベルと欧州におけるNATO拡大やミサイル防衛など地域レベル、そしてこの地域をめぐる利益は中東、中央アジアを基本的な場とする。北東アジアにおいては、直接的には北朝鮮の核、潜在的には中国の存在など米露の利害がかかわるトピックもあるが、米露関係全体の中で北東アジアの問題が占める割合は高くない。これは米国外交においてロシアがヨーロッパの延長でとらえられていることと北東アジアにおけるロシアのプレゼンスの低さ（ロシア極東は「空白」地帯と理解される）による。従って、日米同盟対中国の構図が基本的な下絵となり、ターゲットたる中国の支援者としてロシアの存在が数えられる。ここでは、ロシアが日米同盟と対抗関係にあれば、2－2フォーメーションとなるが、もしロシアが日米同盟の支援にまわれば、これは後述する3－1フォーメーションとなる（中国にとってはこれは回避したいパターンであるが）。中露関係の現在と将来がどのようなものかという、日本でしばしば、米国でたまになされる議論は、この意味で、2－2か3

－1のどちらがシナリオとしてありうるかという問題意識にたっている。

日本が絶えず「悪夢」と考えているフォーメーション、そして多国間協力や国際協調的な政策指向が強い民主党政権の誕生により、近年、その傾向が強まっているとされるものが、②の米中提携（G2）のシナリオである。日本がこれを「悪夢」とするのは、米国が中国のメインパートナーとして位置づけ、日本を無視するかたちで頭ごなしに地域の「共同管理」体制を構築すること、その最終形として、米中によって日本を「たたき」「封じ込める」ようなケースを恐れるからである。日本の安全保障が米国に一方的に依存している状況が続くかぎり、日本の外交指導部は中国に対する抑えが弱くなる米中の直接協力の深化を懸念材料とする。もちろん、現時点での米国の民主党政権は、日米安保を軸に中国とも協調を進める方向だが、今後、日本の民主党政権の外交指向に、「非米」的な特徴が強まり、これが同盟関係を損なうようなことが生じれば、日本にとっての「悪夢」が蓋然性をもちうる。このフォーメーションにおいて、この地域においては受け身に立たされているロシアはどういう利益を想定して動くであろうか。第一に、もし米中日の三角協力が実現すれば、ロシアにとっては3－1パターンに陥ることになるため、米中日の協力関係に参画し、4－0のパターンを目指すか、日本を米中から引き離して、日露関係を強化するかたちで2－2に持ち込みバランスをとるか、どちらかしかない。日本にとっても、米中蜜月にバランスをとるために、ロシアとの関係協力はプラスとなる。すなわち、米中が提携し、2－1－1となった場合に、日露関係は大いに前進しうるモチベーションと利益を有している。

2－2フォーメーションの最後のケースが、日中提携あるいは米露提携が軸となるケースである。しかし、米露はグローバルなレベルあるいは欧州で提携する可能性があるとしても、北東アジアの主要プレーヤーたりえていないロシアと最初から組むモチベーションは米国側には乏しい（ロシアは望むかもしれないが）。もし、米露提携ができるとすれば、日中関係が劇的に進展し、同盟関係を結び米国に対抗するようなケースであるが、日米同盟が存在し、また米中双方に提携を指向する勢力がつよく、かつ日中間、とくに日本側に中国との反米的な同盟を求める傾向がほとんどないかぎり（逆に、中国側には日本が反米的な指向をもてばそれを歓迎する声はあるだろう）、蓋然性に乏しい。

(3)　3－1フォーメーション

3－1フォーメーションは、どのプレーヤーも1になりたくないという意味で回避したいパターンである。孤立に追い込まれそうな国は2－2フォーメーションに戻す行動をとるのが一般的であろう。このパターンは四つ、①中国対日米露、②日本対米中露、③ロシア対日米中、④米対日露中である。①のケースは、2－2フォーメーションの日米同盟対中露戦略パートナーシップの変形としてあらわれる。すなわち、ロシアが日米同盟と組むというケースである。これは地域のターゲットが中国となり、その「脅威」を共通利益として三国が組むというケースである。中露関係が安定している現状では短期的にはありえないが、それでも中露の地政学的な競争やロシア極東の「空白」と中国移民のプレッシャーなど関係悪化の潜在性が消失したわけではない。米国との関係が劇的に改善されれば別だが、そうならない限り、中国はロシアとの関係に絶えず気づかい、日米同盟の側にロシアを追いやらない外交努力を今後とも継続する必要があろう。

②のケースは、共和党・自民党の日米関係では蓋然性が低かったが、日本の民主党政権の対米政策が不透明であり、また米国の民主党に中国重視の傾向があるため、にわかにクローズアップされはじめている。拉致を核と同じプライオリティにおくかぎり、北朝鮮問題は絶えず、日本を米中露のトライアングルから孤立させる可能性をもつ

争点である。日米同盟の機能麻痺とこれが重なったとき、日本は重大な岐路にたたされる。ここでワイルドカードとなるのが、ロシアである。ロシアは米中側につくか、日本の孤立を助けるか鍵をにぎる。対米、対中外交がうまく廻らないとき、日本はロシアに対して弱い交渉当事者となってしまう点だけ、とりあえずここでは確認しておきたい。

他方で③および④のケースはあまり問題とならない。③のロシア孤立のシナリオについていえば、「ソ連脅威論」により、日米中が提携するような冷戦後期のシナリオの再現が想定されないこと、またロシアが北東アジア以外に主要プレーヤーたる別の舞台をもつということを考えれば、もとよりここでも孤立しない方が望ましいにもかかわらず、たとえ孤立してもそれはロシアにとっては決定的ではないからである（これが、北東アジア地域以外にあまり主要なプレーヤーとしての舞台をもたない日本の場合と違う。中国に関して言えば、近年は中央アジアや西南アジアでプレーヤーとしての力量を高めており、ロシアのスケールには及ばないにせよ、日本ほど北東アジア地域一辺倒ではない）。④の米国の孤立化に関して言えば、中国やロシアの一部の「反米的潮流」にとっては望ましいシナリオかもしれないが、米国が世界のあらゆる地域において圧倒的なプレゼンスをみせ、北東アジアの孤立を相対化しうるパワーであるかぎり、想定しえないパターンといえる。

⑷　四つのシナリオと日露関係

ではこれまでのフォーメーションを下敷きに、蓋然性の高いいくつかのシナリオを検討して、そのなかで日露関係がどのように動きうるかを検討する。四つのシナリオが想定できる。

⑴　シナリオ０：グローバルレベルあるいは欧州において米露関係が改善せず、北東アジアでも米中関係が停滞

する場合。これはブッシュ政権と同様にNATO拡大や戦略核交渉、MDなどで米露の緊張状態が継続し、人権問題、台湾問題などが原因で米中関係の改善が見られない場合、基本的に現状維持もしくは現状の延長線上のシナリオになる。これはダブル民主党政権にもかかわらず、日米同盟は少なくとも現在の運用、あるいは同盟強化の方向となる。つまり、日本にとってはロシアとの関係改善を急ぐ必要もなく、中国との関係が緊張を残していてもかまわない。現状先送りともいえるため、ある意味で日本にとっては安楽で快適なシナリオである（「2（日米）－2（中露）」か「2（日米）－1（中）－1（露）」）。

(2) シナリオ1：グローバルレベルあるいは欧州で米露が協調関係にはいり、米露関係が新たなパートナーシップを形成する、ただし、北東アジアでは米中関係は不調のままである場合。このシナリオにおいては、米露関係の進展により、北東アジアといった地域レベルにおけるロシアのプレゼンスと関与を日米同盟をベースに高める方向となる。ある意味で、一九九〇年代初頭のソ連の体制転換直後の日米露関係の再現に近い。米国もまた日露平和条約締結を積極的に支援し、日露双方に北方領土問題に関して相互に受け入れ可能な解決を求める機運が高まる（「3（日米露）－1（中）」）。

(3) シナリオ2：ブッシュ時代ほどではないにせよ、グローバルレベルあるいは欧州での米露関係が不調のままで、北東アジアで米中が強調し、提携関係にまで進む場合。このシナリオについては、日米同盟は前提としながらも、中米関係の進展にバランスをとるために日本にとってのロシアの意味が高まる。ロシアから見れば、日米同盟と日中提携の両輪による、「ロシア外し」を回避するため、中露戦略的パートナーシップの維持と同時に日露関係の戦略性を高める必要が生じる。すなわち、日露双方にバランサーとしての相手が必要となり、日露提携の可能性が高まり、そのプロセスのなかで平和条約の締結および「北方領土問題」解決のモチベーションと利益が生じる（「２（米中）－１（日）－１（露）」）。

(4)　シナリオ３：グローバルレベルあるいは欧州において米露が協調関係に入り、同時に北東アジアで米中提携が起こる場合。このシナリオは日本の対外政策のマネージメント力がもっとも問われるケースである。日米同盟と日中協力を二カ国間、地域、グローバルといったそれぞれのレベルにおいて、重層的な利益を考慮し、この二つの外交を整合的両立させることができるかどうかにすべてがかかる。もし、日本が対中関係を強化させることができずに、対米関係を損なった場合には、前述した１－３フォーメーションによる孤立という可能性が生じる。いささか逆説的であるが、他国の関係が平和で友好になればなるほど、日本にとってはチャレンジなのである。ロシアはこのシナリオでは日本にとってもっとも大きな存在となる。万一、日本にとってロシアのみが救いの窓となる状況が生まれた場合、平和条約の締結ために、日本にとってもっとも不利な「北方領土問題」の解決策を余儀なくされる可能性さえある（「２（米中）－１（露）－日（１）」から「３（米中露）－日（１）」へ）。

おわりに

日本にとっては「思考停止」の現状を続ければすむ安易なシナリオ０は、国際協調と多国間提携を基調とするオバマ政権のもとではあまり期待できない。逆に混迷深い日本の政治とその外交をみるかぎり、シナリオ３の懸念さえある。日本が外交上の対ロシア依存を前提とした平和条約交渉を余儀なくされるケースは、戦争末期の日ソ交渉を想起させる。米英との戦争終結のため、ひたすらソ連詣でを行った結果、ソ連に「裏切られ」「中立条約を破棄され」その結果、多くの領土を放棄せざるをえなかった。あのときソ連が「北方領土」はおろか、北海道の北半分にも触手を伸ばそうとした国際政治の厳しい現実を忘れてはならない。当時、日本政府は八月十四日のポツダム宣言受諾以降も、日本軍が戦闘を停止しなかったことを恐れ、例えば、八月十七日にソ連軍を撃退した北千島の占守島の日本軍武装解除を現地に命令した（一方で、責任者が戦闘継続を宣言したうえで自決した沖縄では九月七日まで戦闘が続いた）。その結果、南千島や色丹の防衛隊は、何ら抵抗することなく自らソ連軍に投降をする。九月二日に降伏文書に日本政府代表の重光葵が調印した後、歯舞諸島もソ連に占領される。この一連の過程を整理すれば、要するに、日本政府は、国体を守るため、その意志によって、島を捨てたのであった。逆に一九五〇年代の日ソ正常化交渉では「二島引き渡し」を受け入れる寸前までいきながら、「南千島の継続交渉」を要求し、その後、「四島返還」を国家の意志とした。国家の意思は必ずしも島の住民の意思など考慮するものではない、むしろ国家の自己都合によって、島を捨てたり、島を返せと主張を変える。このアナロジーにたてば、日本政府がふたたび国際環境の悪化において、島を捨てる「ゼロ・オプション」をとらないという選択肢を排除することはできない。これがシナリオ3のもっとも最悪のケースである。「国家は自らが生き延びるために、いつでも容赦なく私たち（しま）を切り捨てるのだから」[18]。

もちろん、現時点でそこまで考えるのはいささか心配性である。日本外交の資源と知略は、敗戦直前と異なり、そこまでつきてはいない。また人間は歴史から学べるからだ。より蓋然性の高いシナリオは1と2であろう。日露の準同盟関係の構築プロセスにおいて、日露両政府はかならずや平和条約締結のモチベーションを高め、「相互に受け入れ可能な解決」を「2と4」の間で「フィフティ・フィフティ」の精神にたち実現しうると私は確信する[19]。その段階的なプロセスの中で、歯舞諸島の「先行・即時返還」も両国関係をより信頼醸成をたかめるためのアジェンダとして真剣に検討されるべきであろう。日ロの準同盟とは何か。それについては別に稿を起きたい。

［追記］　一読されてお気づきのように、本章は、純アカデミックな論文というよりは、政策提言的な指向の強い論考である。従って、論理構成には思考実験的な部分も含まれているのみならず、日本の学術論文のスタイルに馴れた読者にはいささか単純化や極論が多いという印象を持たれる方も少なくなかろう。とくに国家を単一のアクターとして論じるアプローチは、いささかクラッシクに思われるに違いない。とはいえ、いまなお、ワシントンのシンクタンクや日本の対外政策立案者たちは、このようなシンプルなパワーバランスを軸とした議論（たとえば、「巨人」米国に対する秩序変革を求める「挑戦者」中国という軸のみが現在の国際関係の基調である、日本はそのなかでは単なる受け身の存在でしかない、「空っぽ」の極東にみられるようにロシアはそもそも北東アジアにはプレゼンスをもたないなど）が主流である。このような文法で世界を切り取ることになれたサークルに対して、例えば、国際関係における国境問題の重要性（中露関係における国境の決定的意味や国境地域を中心とした周辺中国の脆弱性がそのパワーに与える影響など）を強調しても、それのみではなかなか理解してもらうことが難しい。このような文脈を考慮して、本章では、本来の筆者の立場を括弧にいれて、あえてクラッシクな立場にたって、シンプルに議論することを心がけた。ただし、筆者のスタンスは常に「島からのことづて」の側にある。『ライブ・イン・ボーダースタディーズ』第一号（北海道大学グローバルＣＯＥプログラム「境界研究の拠点形成」）を参照（http://www.borderstudies. jp/essays/live/pdf/BorderliveNO1. pdf）。

［注］

（１）『毎日新聞』二〇〇九年四月十七日。なお「三・五島」発言は、谷内代表が紆余曲折を経て国会答弁で正式に否認したため、発言をめぐる騒動はうやむやに終わった。ただ、「四島返還」が崩れると危機意識をもったグループが新聞広告を出すなど谷内発言に激しく反発をみせたことで、「右バネ」が結果として、「固有の領土」や「不法占拠」の言説を強化する役割を果たしたともいえる。近年、「四島を一歩も譲らず」と主張する論者たちは、かつてのロマンティックな早期解決への期待を捨て、長期戦の覚悟をアピールすることが多いが、長期戦によって、果たしてどのように解決されうるのかを、現実的に提案することはほとんどない。もとより、その多くが過去に示していた楽観的な見通しを自己検証することもない。国境にその源を期待するナショナリズムの幻想については、岩下明裕編『日本の国境：いかにこの「呪縛」を解くか』北海道大学出版会、二〇一〇年を参照。

(2) いわゆる、この訓令一六号については、『VOICE』二〇〇八年三月号、二一一頁を参照。訓令についての証言は、久保田正明『クレムリンへの使節：北方領土交渉一九五五－一九八三』文藝春秋、一九八三年、七四～八一頁が詳しい。

(3) 『朝日新聞』一九五六年三月十日。なお、分析上の責任はすべて岩下にあるが、「固有の領土」に関する文言上の追跡調査については、加藤美保子氏（スラブ研究センタープロジェクト助手）の手による作業に多くを依拠している。

(4) 『日本の領土：北方領土』根室市・北方領土問題対策協会、二〇〇四年（第三一版）、五八～五九頁。

(5) 尖閣についていえば、日本のみが「固有の領土」の名目とともに先占を主張しているのに対して、中国は歴史的、地理的な権原や地質的な論拠（大陸棚の延長）をもとにその先占を無効と抗弁している。竹島については、日本は先占のみならず、江戸時代からの領有の継続性において、これを「固有の領土」とし、韓国は後世の古文書をもとに、島が五一二年以来の「固有の領土」だとして、これに反論する（一部の韓国の学者は日本が一九〇五年に先占論に基づいて取得したと理解し、その先占が無効だと反論している）。これらのやりとりは「固有の権原（original title）」をめぐっての議論であり、北方領土問題に即せばロシアの「太古からの領土」論と相通じるが、属人主義の東アジア国際関係の観点からみれば、近代以前の「領土」を先占論的な理解で議論するべきではない（国際法上の議論については、大壽堂鼎『領土帰属の国際法』東信堂、一九九八年、波多野里望・筒井若水編『国際判例研究　領土・国境紛争』東京大学出版会、一九七九年などを参照）。

(6) 林忠行「日本の外で『固有の領土』論は説得力をもつのか」岩下明裕編『国境・誰がこの線を引いたのか：日本とユーラシア』北海道大学出版会、二〇〇六年。

(7) 二〇〇五年七月七日のEU議会決議「EUと中国、台湾関係と極東における安全保障」など。

(8) 例えば、岩下明裕『中・露国境四〇〇〇キロ』（角川書店、二〇〇三年）ロシア語版に序文を寄せたモスクワ国際関係大学のA・D・ボスクレセンスキーは、私がこれらを「不平等条約」とする立場を「中国寄り」として批判を行ったが、これを読んだ中国黒龍江省社会科学院の宿豊林は「岩下は正しい」と全面擁護する論文をロシア語で公表した。両者の論点は、私の分析そのものはそっちのけで、まさにこの歴史評価の一点に集中した。また、私が編者となった『ユーラシアのまなざし』（北海道大学スラブ研究センター、二〇〇七年：英語）の編集過程において、公表はしなかったが、ダマンスキー事件の研究で著名なウクライナのD・S・リャブシュキンと中国に関する領土問題研究の泰斗ネヴィル・マクスウェルの間でも、「中国寄り」かどうかをめぐって激しい応酬が続いていた。

（9）長谷川毅は一九九〇年九月のシュワルナゼ外相訪日による海部俊樹首相と中山太郎外相の会談の際に「四島一括返還」からすでに「一括」は落とされたとする（長谷川毅『北方領土問題と日露関係』筑摩書房、二〇〇〇年、一九一頁）。

（10）長谷川毅『北方領土問題と日露関係』二〇八〜二一二頁。

（11）佐藤和義・駒木明義『検証：日露首脳交渉』岩波書店、二〇〇三年、一六四〜一六七頁。

（12）佐藤・駒木『検証：日露首脳交渉』、一七〇〜一七一頁。

（13）岩下明裕『北方領土問題：4でも0でも、2でもなく』中公新書、二〇〇五年、一九四〜二一二頁。

（14）『日本の領土：北方領土』五〜三一頁。

（15）『根室市史：年表編』根室市編纂室、一九八八年、一九九頁。「マッカーサー・ライン」や貝殻コンブ漁をめぐる交渉については、本田良一「日露関係と安全操業」『日露関係の新しいアプローチを求めて』北大スラブ研究センター、二〇〇六年に詳しい。

（16）和田春樹『北方領土問題を考える』岩波書店、一九九〇年、一〇一〜一三一頁、田中孝彦『日ソ国交回復の史的研究』有斐閣、一九九三年、四六〜四九頁などを参照。

（17）北東アジア「四角形」の2－2および3－1フォーメーションによる分析は、ブルッキングス研究所北東アジア政策研究センターのリチャード・ブッシュからの示唆によるところが大きい。そのフォーメーションを、2－1のいわゆる「恋愛三角形」によって分析としたものとして、筆者がブルッキングス滞在中にまとめたNew Geopolitics and Rediscovery of the US-Japan Alliance: Reshaping "Northeast Asia" Beyond the Border（www. brookings. edu/cnaps.aspx）を参照。また一般的な「三角形」論については、岩下明裕「中域ユーラシア：国際関係の新たなパラダイムを求めて」『日本の国際政治学』日本国際政治学会編、有斐閣、二〇〇九年も参照。

（18）岩下明裕「島からのことづて」『一冊の本』朝日新聞社、二〇〇七年二月号。

（19）「2と4のあいだ」のシナリオについては、前著『北方領土問題』を再読されたい。

あとがき

本書は、九州大学大学院比較社会文化研究院教授の高田和夫先生が、二〇一〇年三月末をもって定年退職されることを記念して、先生の専門分野であるロシア史や日露関係を専攻し、さらに、ある一点で先生とつながりを持つ有志の論稿を編んだものである。

その一点というのは、約二五年前（二昔以上前！）の一九八五年七月から今に至るまで福岡の地で活動を続けている「ソ連東欧史研究会」である。同年三月にゴルバチョフが最高指導者の地位に就き、ソ連に変化の兆候が現れたまさにその時に本研究会は産声を上げた。以来この研究会は、ペレストロイカ、東欧革命、ソ連崩壊、新生ロシアの誕生といった続発する歴史的事件を注視しつつも、地道な歴史研究に力を注いできた。高田先生とともに会の立ち上げに尽力された上垣彰氏がその整理を進め、編者の私が引き継ぐ研究会記録「ソ連東欧史研究会［福岡］の歩み（一九八五年七月〜）」によれば、例会だけでもすでに二〇〇回近くを数える。例会に参加可能な九州・山口地区にまで範囲を広げても、東京や札幌に比べれば関係する研究者や大学院生の数が少ないこの地で活動を継続できたのは、言うまでもなく、高田先生が会の中心に位置して、常に運営に気を配られたおかげである。

本書の執筆者は皆、期間の長短はあれ本研究会に参加し、報告を担当した時には、高田先生のオリジナリティあふれる意見や批判（私は密かに「高田節」と言っている）を頂戴してきた。恒例となっている会終了後の懇親会の席で、「ここは、いったん関わると足抜けできない恐ろしいところなんだ」と冗談めかして語るのが高田先生の口癖だが、マフィアを典型例とするボンディング（bonding）型の社会関係資本（social capital）こそが本書を生み出したというと、いささか脚色しすぎかもしれない。しかし、本書執筆者の所属大学の地域的広がりを見れば、この研究会と高田先生の良い意味での求心力を窺い知ることができるだろう。本研究会は確かに高田ファミリーであった。
若い駆け出しの大学院生にとって、このファミリーは研究のイロハを学び、研究の楽しさと厳しさを学ぶ得難い共同体であったし、現在もそうである。編者は、今から三〇年前の一九七九年に九州大学に入学した際、新任教員として着任したばかりの高田先生が担任を務めるクラスに所属し、それ以来長きにわたり指導を受け、常に目をかけて頂いた。本研究会でも、その第二回目（一九八五年九月）に報告の機会を与えられ、修士論文の構想を発表することができた。つまらない報告だととたんに態度に変化が表れ、傍目にもわかるほど落ち着きがなくなるのが高田先生の常だが、その時は注意深く耳を傾けてもらったと思う。この「業界」でやっていけるかもしれないという密かな手ごたえを感じた瞬間であった。それから二〇年以上を経て、いまでは私が指導教員を務める大学院生がロシア研究を志し、この会に加わり修士論文の構想を発表していることを考えると、本研究会は、当該分野の研究の再生産に一定の貢献をなしてきたと自負しても良いだろう。その意味でも、高田先生の存在は比類なきものであった。もう間もなく高田先生が定年退職を迎えられ、大学という組織を通じた研究教育活動の一線からは退かれるとしても、先生が引き続き本研究会をリードされることは疑いないし、我々もそれを心から希望している。

ともあれ、「ソ連東欧史研究会」の有志による本書が、この分野の専門家に対する新たな知見の提供というだけでなく、若い学生・院生をロシア史研究へと誘い、我々の列に加わる者が一人でも多く誕生することに寄与できるならば大変幸いである。もちろん、これまでロシア史や日露関係に馴染みのなかった幅広い読者の方々にも本書を手に取って頂ければ望外の喜びといえよう。

本書の企画は、その最初の段階から、執筆陣に加わる上垣氏、岩下明裕氏と相談の上で進められた。私が編者を名乗るのは、事務的な作業を私が担当してきたからに他ならない。お二人の協力やアイデアの提供に感謝したい。また、本書を仕上げる最終段階では浅岡善治氏に様々なアドヴァイスを、また本書の各所に配置された写真については寺山恭輔氏に特に協力を頂いた。

最後になったが、この企画を受け入れ、出版に至るまでの諸々の事柄にご配慮下さった九州大学出版会編集部部長の永山俊二氏、そして、本書の原稿に目を通され、出版にゴーサインを出すとともに、貴重な改善意見を提供して下さった匿名の査読者の方にも心より感謝を申し上げたい。

二〇一〇年三月

編者　松井康浩

執筆者紹介（①最終学歴　②所属・肩書　③主要研究業績（2点））

佐藤正則（さとう　まさのり）第1章

①東京大学大学院総合文化研究科博士課程修了。②九州大学大学院言語文化研究院・准教授。③『ボリシェヴィズムと〈新しい人間〉――二〇世紀ロシアの宇宙進化論――』水声社（二〇〇〇年）、ボグダーノフ『信仰と科学』（翻訳）未来社（二〇〇三年）。

松井康浩（まつい　やすひろ）編者、序論・第2章・あとがき

①九州大学大学院法学研究科博士課程単位取得退学。②九州大学大学院比較社会文化研究院・教授。③『グローバル秩序という視点――規範・歴史・地域――』（編著）法律文化社（二〇一〇年）、"Stalinist Public or Communitarian Project? Housing Organisations and Self-Managed Canteens in Moscow's Frunze Raion," *Europe-Asia Studies*, Vol. 60, No. 7 (2008).

浅岡善治（あさおか　ぜんじ）第3章

①東北大学大学院文学研究科博士後期課程修了。②福島大学人文社会学群人間発達文化学類・准教授。③「ネップ期の農村壁新聞活動――地方末端における『出版の自由』の実験――」奥田央編『二〇世紀ロシア農民史』社会評論社（二〇〇六年）所収、Крестьянская печать и сельскоровское движение в период НЭПа // XX век и сельская Россия. Под редакцией Хироси Окуда (CIRJE Research Report Series CIRJE-R-2). Токио. 2005.

寺山恭輔（てらやま　きょうすけ）第4章

①京都大学大学院文学研究科後期博士課程単位取得認定退学。②東北大学東北アジア研究センター・准教授。③主要研究業績：「一九三〇年代ソ連の対モンゴル政策」『東北アジア研究センター叢書』第三二号（二〇〇九年）、「ロシア史料に見る十八～十九世紀の日露関係」第一集～第五集『東北アジア研究センター叢書』（二〇〇四～二〇一〇年）。

佐藤芳行（さとう　よしゆき）第5章

①東京大学大学院経済学研究科博士課程単位取得退学。②新潟大学経済学部・大学院現代社会文化研究科・教授。③『帝政ロシアの農業問題――土地不足・村落共同体・農村工業――』未来社（二〇〇〇年）、Agricultural Involution in Late Imperial Russia, Niigata University Scholars Series, Vol.VI (2005).

上垣　彰（うえがき　あきら）第6章

①東京大学大学院経済学研究科博士課程単位取得退学。②西南学院大学経済学部・教授。③『ルーマニア経済体制の研究』東京大学出版会（一九九五年）、『経済グローバリゼーション下のロシア』日本評論社（二〇〇五年）。

バールィシェフ、エドワルド

(Baryshev Eduard Anatolievich) 第7章

①九州大学大学院比較社会文化学府博士課程修了。②九州大学大学院比較社会文化研究院・日本学術振興会・外国人特別研究員。③『日露同盟の時代 一九一四〜一九一七年――「例外的な友好」の真相――』花書院(二〇〇七年)、「ロシア革命とシベリア出兵構想の形成――本野一郎の外交政策と米国――」『ロシア史研究』第八四号(二〇〇九年)。

岩下明裕

(いわした あきひろ) 第8章

①九州大学大学院法学研究科博士課程単位取得退学。②北海道大学スラブ研究センター・教授。③『日本の国境――いかにこの「呪縛」を解くか――』(編著)北海道大学出版会(二〇一〇年)、『国境・誰がこの線を引いたのか――日本とユーラシア――』(編著)北海道大学出版会(二〇〇六年)。

20世紀《せいき》ロシア史《し》と日露関係《にちろかんけい》の展望《てんぼう》
——議論と研究の最前線——

2010年3月31日 初版発行

編 者 松 井 康 浩

発行者 五十川 直 行

発行所 (財)九州大学出版会
〒812-0053 福岡市東区箱崎7-1-146
九州大学構内
電話 092-641-0515(直通)
振替 01710-6-3677
印刷・製本/大同印刷㈱

 ISBN978-4-7985-0012-6